靳江遗珍

——宁乡冲天湾遗址出土瓷器

湖南省文物考古研究院
科技考古与文物保护利用湖南省重点实验室　编著

文物出版社

图书在版编目(CIP)数据

靳江遗珍 : 宁乡冲天湾遗址出土瓷器 / 湖南省文物
考古研究院, 科技考古与文物保护利用湖南省重点实验室
编著. -- 北京 : 文物出版社, 2023.8
　ISBN 978-7-5010-8130-1

　Ⅰ. ①靳… Ⅱ. ①湖… ②科… Ⅲ. ①瓷器(考古)—
研究—宁乡—宋元时期 Ⅳ. ①K876.34

　中国国家版本馆CIP数据核字(2023)第125112号

靳江遗珍——宁乡冲天湾遗址出土瓷器

编　　著：湖 南 省 文 物 考 古 研 究 院
　　　　　科技考古与文物保护利用湖南省重点实验室

封面设计：秦　彧
责任编辑：秦　彧
责任印制：张　丽

出版发行：文物出版社
社　　址：北京市东城区东直门内北小街 2 号楼
邮　　编：100007
网　　址：http://www.wenwu.com
经　　销：新华书店
印　　刷：北京荣宝艺品印刷有限公司
开　　本：889mm×1194mm　1/16
印　　张：15
版　　次：2023 年 8 月第 1 版
印　　次：2023 年 8 月第 1 次印刷
书　　号：ISBN 978-7-5010-8130-1
定　　价：380.00 元

目 录

宁乡冲天湾遗址考古发掘收获

（一）遗址位置

靳江河，又名靳江，古称"瓦官水口"，为湘江下游支流。冲天湾遗址地处靳江河上游的山丘前沿地带，属湖南省长沙市宁乡市大屯营镇韶光村冲天湾组，东距韶光村部 2 千米，南面为农田和乡间小道，西面百米以外为该组村民住宅区，北面紧邻低矮山丘（图 1）。

（二）发掘缘由和经过

2013 年 11 月，为配合基本建设项目工程，湖南省文物考古研究所对该区域进行文物调查勘探时发现一处宋元时期居住遗址。经国家文物局批准（项目批准号：考执字〔2015〕第 588 号），2015 年 3 ～ 7 月，湖南省文物考古研究所联合宁乡县文物局对该遗址进行了抢救性发掘，布 10 米 ×10 米探方 12 个，实际发掘面积 900 余平方米（图 2）。揭露灰坑 34 个、灰沟 4 条、灶 1 座，出土大量宋元时期瓷器标本、建筑构件及其他生产生活用具，其中瓷器标本总数达 2000 余件（图 3）。

图 1　宁乡冲天湾遗址远景

图 2　冲天湾遗址发掘区局部（东北—西南）

图 3　T10 ⑤层出土瓷器

（三）主要收获

1. 地层堆积

在发掘区中，以 T7 的北壁剖面最具代表性，基本涵盖了遗址的主要地层堆积情况。

第①层：耕土层。厚 0.1～0.4 米。此层原为水稻田，发掘前长满杂草，土质板结，内含少量现代物品。

第②层：分布于整个探方。浅黄色土，土质致密，厚 0.1～0.25 米。包含少量青花瓷片。

第③层：分布于整个探方。浅褐色土，土质致密，厚 0.1～0.35 米。包含少量青花瓷片。

第④层：分布于整个探方。灰黑色土，土质疏松，厚 0～0.4 米。包含大量碎瓦，出土少量青花瓷片及较多宋元时期的青瓷、青白瓷、黑瓷残片等。

第⑤层：分布于整个探方。浅褐色土，土质较致密，厚 0.15～0.35 米。包含大量烧土颗粒、碎瓦，出土大量宋元时期青瓷、青白瓷、酱釉瓷残片等。H22 开口于此层下。

第⑥层：分布于探方西部。红褐色土，土质致密，厚 0～0.3 米。包含烧土颗粒、碎瓦，碎瓦的数量较第⑤层减少，出土大量宋元时期青瓷、青白瓷、酱釉瓷残片等。

第⑦层：分布于探方西部。浅红色土，土质致密，厚 0～0.2 米。包含少量烧土颗粒、碎瓦，碎瓦的数量较第⑥层更少，出土较多宋元时期青瓷、青白瓷、酱釉瓷残片等。H28 开口于此层下。

第⑧层：分布于探方西部。浅黄色土，土质致密，厚 0～0.2 米。包含少量烧土颗粒和极少量碎瓦等，出土少量宋元时期青瓷、青白瓷、酱釉瓷残片等。

第⑧层下为生土。

遗址第②～④层属于明清时期地层，其中第②、③层分布于整个遗址，第④层分布于遗址的东南区域。第⑤～⑧层属于宋元时期地层，遭明清时期破坏较为严重，主要分布在遗址的东南部，大体以 T2 西南角至 T10 西北角为界，呈坡状堆积。

2. 遗迹

本次共发掘灰坑 34 个、灰沟 4 条、灶 1 座。此外，在 T1、T4、T8、T12 发现较多柱洞，经仔细辨认未能发现构成房屋建筑。

（1）H29

在遗址的中部，位于 T6 中南部，开口于第⑥层下，被 H17 打破，其下为生土。H29 大体呈方形，南北向，口径长 1.1、宽 1 米，底径长 0.9、宽 0.8 米，深 0～0.52 米。坑内填土为灰黑色夹砂土，土质致密，已板结。H29 出土器物 36 件，可分为瓷器、铁器、铜钱、砖瓦 4 大类，以瓷器为主，基本保存完好。其中青瓷盘和青白瓷碗分开叠置并向西南方向倾倒，其他器物放置在北侧，坑底垫两件破碎的青瓷盘和青白瓷碟、残砖瓦（图 4、5）。

（2）H17

位于 T6 中南部。开口于第⑥层下，坑口距地表约 1.1 米，打破生土。平面呈不规则形，斜壁，坑底近平，南北长 7、东西宽 6、深 0.82 米。坑内堆积可分 3 层：第①层，灰黑色黏土，土质较疏松，厚 0～0.4 米，包含大量碎瓦、炭屑，出土少量陶瓷器；第②层，浅灰色黏土，土质较致密，厚 0～0.28 米，包含较多碎瓦，出土大量陶瓷器；第③层，灰黄色黏土，土质致密，厚 0～0.14

图 4　H29 发掘情况图

图 5　H29 器物组合照

米，包含碎瓦较第②层减少，出土较多陶瓷器（图 6）。

（3）H28

位于 T7 南部。开口于第⑦层下，坑口距地表约 1.15 米，打破第⑧层及生土。南部已残缺，平面近三角形，坑底呈锅底状，残长 2.5、宽 2、深 0.2 米。坑内堆积为灰黑色黏土，土质致密，包含少量碎瓦，出土较多陶瓷器。

（4）H33

位于 T11 的南部。开口于第⑤层下，坑口距地表深约 0.9 米，打破生土。灰坑平面呈椭圆形，坑壁斜直，坑底呈锅底状。东西长 0.64、南北宽 0.43、深 0.18 米。灰坑的西壁和南壁有厚约 6 厘米的红烧土层，坑内为黑褐色灰烬堆积，无包含物。

图6　H17

（5）G3

位于T3西北部和T2东南部，部分位于T1北隔梁。开口于第③层下，沟开口距地表深约0.65米，打破生土。灰沟平面呈长条状，坑底平直。长7.2、宽1、深0.94米。沟内堆积为灰褐色黏土堆积，土质致密，包含少量碎瓦，出土较多陶瓷器。

（6）Z1

位于T4北部。开口于第④层下，灶口距地表约0.8米，打破生土。平面近椭圆形，长0.84～1.14、残高0.23～0.38米，方向约240°。Z1以青砖围砌，南部砌砖已损毁。灶口在西端，无烟道。灶内为黑褐色黏土堆积，土质较疏松，包含有大量碎瓦，出土青白釉圈足碗残片。黑褐色黏土层下有厚约0.05米的未完全燃烧的黑炭层，其下为红烧土面。

3. 出土遗物

遗址出土大量宋元时期遗物。瓷器的数量最多，可分为青釉、青白釉、酱釉等瓷器，其中青瓷质量上乘，种类有碗、盘、盏、碟等，多灰白胎，釉层较厚，釉面有细密开片或大开片，纹饰有莲瓣纹、菊花纹、勾连草纹等。窑口多为龙泉窑。青白瓷数量占大宗，种类有碗、盘、碟、盏、灯盏、杯、炉、砚滴等。根据装烧工艺不同，分仰烧和覆烧两大类。仰烧多足底露胎，覆烧均为芒口。纹饰有莲瓣纹、菊花纹、草纹、勾连草纹、弦纹、回形纹等。窑口有景德镇窑、羊舞岭窑、醴陵窑等。酱釉瓷种类有碗、盏、盆、钵、擂钵、罐、灯盏、高足杯、三足炉、执壶等，多为素面，少量印花或彩绘。窑口有衡山窑等湖南本地窑口。

除此之外，遗址还出土有脊兽、纹饰砖、砖、砖雕、板瓦、筒瓦等建筑构件，以及陶权、匣钵、碾轮、石砚、石压、黑曜石人物像、钱币等生产生活用具，另有少量明清时期青花瓷器、釉陶器等。

（四）遗址年代及性质

1. 遗址年代

根据地层关系及出土器物判断，冲天湾遗址可分为早晚两期。晚期遗存中出土少量青花瓷器、釉陶器等，年代应为明清时期。早期遗存为遗址的主体，年代应属于宋元时期。这期遗存出土铜钱年代最早的为"宋元通宝"（960年），最晚的为"绍兴元宝"（1131～1162年），从北宋早期延续至南宋早期。H29瓷器窖藏坑是整个遗址最早的一批遗迹，埋藏年代大致应为南宋晚期至元代早期[1]，遗址其他遗迹和地层中出土的同类型瓷器与H29出土的瓷器极为相似。与其他地区出土瓷器比对，青釉洗（H22∶34）与江西清江南宋景定元年（1260年）韩氏墓出土的洗形制相同[2]，与遂宁金鱼村南宋窖藏一号窖藏出土第一类龙泉窑青瓷C型洗[3]、龙泉大窑乙区南宋晚期Y2出土的青釉洗（Y2③∶31）[4]及枫洞岩窑址出土的Aa型折沿洗（TN9W3⑦∶2、TN8W3②∶7）[5]相似；青釉盘（H17①∶4）与龙泉大窑枫洞岩窑址南宋晚期至元代早期盘（TN9W3④S∶3）[6]、新安沉船龙泉窑青瓷莲纹盘[7]在器物造型上有一定相似之处；青釉盘（T4④∶4、T7⑥∶6、H29青釉盘）与遂宁金鱼村南宋窖藏一号窖藏出土第一类龙泉窑青瓷B型小圈足盘[8]及元代张弘略墓[9]、湖南桃江窖藏出土的青釉莲瓣纹盘[10]相似；青釉盏（H22∶7）与浙江庆元会溪南宋嘉泰三年至开禧元年（1203～1205年）胡纮夫妇墓[11]、湖南郴州桂阳窖藏[12]及福建将乐宋元墓M1[13]出土的同类器相同。以上各类青釉瓷器的年代在南宋晚期至元代早期。

青白釉瓷器中，斗笠碗（G3∶3）与景德镇湖田窑B型青白釉斗笠碗（93XV∶03）形制相近，饼足碗（H17②∶15、16）与景德镇湖田窑A型Ⅰ式饼足碗（99H·H1∶23）形制相近，芒口浅腹碗（T7⑥∶9、H17②∶29）与景德镇湖田窑B型Ⅰ式芒口浅腹碗（96B·F21∶19）形制相似[14]，碟（H22∶19）与遂宁金鱼村南宋窖藏一号窖藏出土景德镇窑青白瓷B型菊花口碟（91SJJ∶693）类似[15]。以上各类青白釉瓷器的年代在南宋晚期至元代早期。

此外，以往的发掘和研究显示，湖南的青白瓷窑址南宋晚期至元代早期流行芒口青白瓷，纹样装饰以印花最为常见，元代中期以后逐渐仿烧龙泉窑青瓷，纹饰也从以印花为主改为流行

[1] 湖南省文物考古研究所：《湖南宁乡冲天湾遗址H29瓷器窖藏坑发掘简报》，《文博》2016年第6期。

[2] 薛尧：《江西南城、清江和永修的宋墓》，《考古》1965年第11期。

[3] 成都文物考古研究所等：《遂宁金鱼村南宋窖藏》（上册），文物出版社，2012年，第69、70页。

[4] 朱伯谦：《龙泉大窑古瓷窑遗址发掘报告》，《龙泉青瓷研究》，文物出版社，1989年。

[5] 浙江省文物考古研究所等编：《龙泉大窑枫洞岩窑址出土瓷器》，文物出版社，2009年。浙江省文物考古研究所等编：《龙泉大窑枫洞岩窑址》，文物出版社，2015年。

[6] 浙江省文物考古研究所、北京大学考古文博学院、龙泉青瓷博物馆：《龙泉大窑枫洞岩窑址》，文物出版社，2015年，第163页。

[7] （韩）国立海洋遗物展示馆：《新安船과 동아시아 陶瓷交易》，2006年。

[8] 成都文物考古研究所等：《遂宁金鱼村南宋窖藏》（上册），文物出版社，2012年，第52～63页。

[9] 河北省文物保护中心：《元代张弘略及夫人墓清理报告》，《文物春秋》2013年第5期。

[10] 益阳地区博物馆：《湖南桃江发现龙泉窑瓷器窖藏》，《文物》1987年第9期。

[11] 浙江省文物考古研究所、庆元县文物管理委员会：《浙江庆元会溪南宋胡纮夫妇合葬墓发掘简报》，《文物》2015年第7期。

[12] 湖南省博物馆：《湖南临湘陆城宋元墓清理简报》，《考古》1988年第1期，简报中略有提及。张柏主编：《中国出土瓷器全集》（湖北、湖南卷），科学出版社，2008年。

[13] 福建博物院、将乐县博物馆：《将乐县积善宋元墓群发掘简报》，《福建文博》2009年第4期。

[14] 江西省文物考古研究所等：《景德镇湖田窑1988～1999年考古发掘报告》，文物出版社，2007年。

[15] 成都文物考古研究所等：《遂宁金鱼村南宋窖藏》（上册），文物出版社，2012年。

简单的刻划花，元代中晚期开始大规模仿烧龙泉窑青瓷[1]。冲天湾遗址宋元地层及窖藏坑出土较多的芒口和涩圈青白瓷，仿龙泉窑青瓷极少，说明宋元遗存废弃的年代大致在元代早期。

综上所述，冲天湾遗址宋元时期遗存的年代大致应为南宋晚期至元代早期。

2. 遗址性质

冲天湾遗址宋元时期遗存遭后期破坏较为严重，主要分布在遗址的东南部，大体以 T2 的西南角至 T10 西北角为界，呈坡状堆积，遗迹主要以灰坑、灰沟为主。遗址内可见少量建筑痕迹，不能辨别出完整的建筑遗迹，但出土的大量碎瓦及脊兽、纹饰砖、砖、板瓦、筒瓦等建筑构件，表明冲天湾遗址宋元时期应有建筑遗存存在。

冲天湾遗址宋元时期地层及遗迹中出土了大量青釉、青白釉、酱釉等瓷器，总数达 2000 余件。经过器物比对分析，我们发现青釉瓷器虽然数量较少，但器物精美，器类有碗、盘、碟、洗、盏等，大多来自龙泉窑，特别是 H29 瓷器窖藏坑出土了 7 件完整的龙泉窑青釉折沿盘。青白釉瓷器数量最多，碗占大宗，其次为盏、碟、盘等，分别来自景德镇窑以及羊舞岭窑、醴陵窑等本地窑口，本地窑口瓷器远多于景德镇窑。酱釉瓷器数量亦较多，器类多样，以盏、灯盏占大宗，目前初步断定有衡州窑等本地窑口。

此外，值得注意的是经过调查勘探发现遗址周边不见窑址。遗址出土的窑具仅发现 7 件匣钵，其中 3 件可修复，4 件可辨器形。而遗址出土陶权的数量较多，虽然大多残破，但可辨器形达 30 余件。

综上所述，我们认为冲天湾遗址应为宋元时期销售瓷器的草市遗址。这一发现为了解这一时期湖南地区的瓷器销售、商品贸易等经济活动提供了重要资料。

（五）出土青瓷的成分分析

冲天湾遗址出土的青瓷特别精美，从类型学上看，釉色、形制、纹饰等方面均与龙泉窑同类型青瓷相同或高度相似，我们认为这些青瓷大多是龙泉窑产品。为了进一步验证我们的判断，我们选取了本院龙泉窑采集标本、冲天湾遗址出土样品、龙泉窑元代龙泉金村地区大窑犇窑青瓷标本、元代龙泉大窑地区枫洞岩窑青瓷标本等 32 份样品进行对比研究。

采用能量色散 X 射线荧光光谱分析法（EDXRF）分析测定了样品瓷釉的主次量化学成分，仪器型号为 Thermo Fisher ARL QUANT'X，测试条件为铑（Rh）靶 X- 射线光管，输入电压 4～50V，测试电流自动调节，元素测试范围为 Na～U，其中轻元素在真空环境下测试，测试中选取美国康宁玻璃博物馆玻璃标样 D 作为平行标样。

样品瓷釉的元素组成信息如表 1 所示，根据标本瓷釉的元素组成数据，依据釉式公式计算出样品的木灰釉式系数 b[2]，样品瓷釉木灰釉式系数箱式图如图 7 所示，样品瓷釉的化学组分分布图如图 8 所示。表 1 中编号 1～8 号为本院龙泉窑采集标本，9～14 号为宁乡冲天湾出土样品，15～17 号为龙泉窑元代龙泉金村地区大窑犇窑青瓷标本，18～32 号为元代龙泉大窑地区枫洞岩窑青瓷标本[3]。

[1] 湖南省文物考古研究所等：《湖南益阳羊舞岭瓦渣仑窑址Ⅱ区发掘简报》，《湖南考古辑刊（第 11 集）》，科学出版社，2015 年。
杨宁波：《益阳羊舞岭窑的窑业技术来源和发展阶段》，《湖南省文物考古研究所建所三十周年纪念文集》，科学出版社，2016 年。
[2] 罗宏杰等：《中国古瓷中钙系釉类型划分标准及其在瓷釉研究中的应用》，《硅酸盐通报》1995 年第 2 期。
[3] 故宫博物院等：《宋元明时期龙泉窑青瓷胎釉成分和烧成温度的测定研究》，《故宫博物院院刊》2019 年第 7 期。

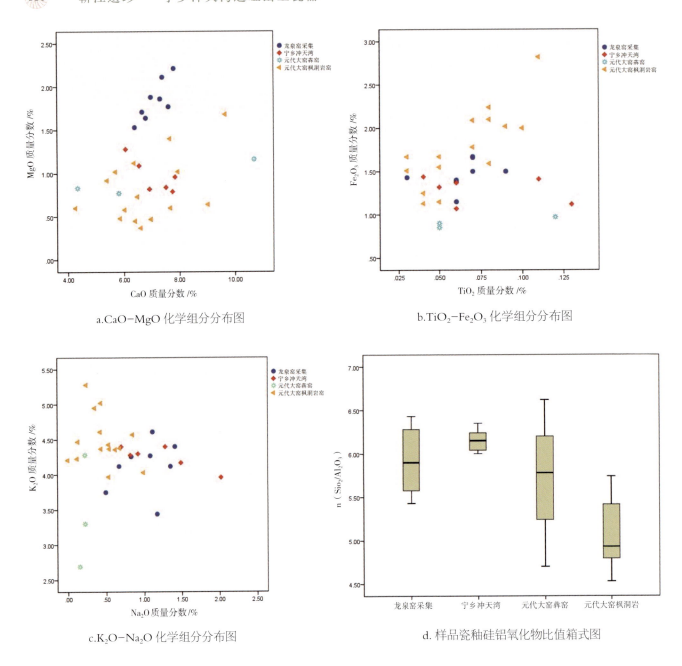

a.CaO-MgO 化学组分分布图　　　　b.TiO₂-Fe₂O₃ 化学组分分布图

c.K₂O-Na₂O 化学组分分布图　　　　d. 样品瓷釉硅铝氧化物比值箱式图

图 8　样品瓷釉的化学组分分布图

CaO 含量在 4.27%～9.65% 之间，Fe₂O₃ 含量在 1.13%～2.82% 之间。

由以上数据可知除龙泉窑采集标本 MgO 含量较高，枫洞岩窑部分样品 K₂O 含量较高外，龙泉窑采集、宁乡冲天湾、大窑瓦窑、枫洞岩窑四处标本中 SiO₂ 等主量元素、CaO 等助溶剂、Fe₂O₃ 等着色剂的元素组成接近。

龙泉窑的釉在南宋以前均为石灰釉，CaO 含量约 15% 左右，南宋晚期创制了石灰—碱釉，CaO 含量降低到 10% 左右，元明时期进一步降低到 6%～7%[1]。根据罗宏杰先生等提出的钙系

[1]　张福康：《中国古陶瓷的科学》，上海人民美术出版社，2000 年。

釉类型划分标准[1]，由图 7 瓷釉木灰釉式系数箱式图可知，龙泉窑采集标本、宁乡冲天湾出土样品 b 值均大于 0.50 小于 0.76，属于钙碱釉。大窑莘窑元代时期、大窑地区枫洞岩窑元代青瓷釉的 b 值有大于 0.76 也有低于 0.76 的，且绝大部分青瓷釉的 b 值皆小于 0.76，即大窑莘窑元代时期和枫洞岩窑元明时期青瓷釉料配方既有钙釉也有钙碱釉。由图 8 瓷釉化学组分含量分布图可知龙泉窑采集标本、宁乡冲天湾出土样品、大窑莘窑标本、枫洞岩窑标本瓷釉中各元素含量分布集中，说明四处陶瓷的釉料配方构成基本一致。

根据以上分析结果可知宁乡冲天湾出土瓷器样品符合瓷釉低含量 CaO、Fe_2O_3，高含量 K_2O，钙碱釉等特征，釉料配方与元代龙泉大窑地区青瓷标本接近，由此推测这批瓷器来自元代龙泉大窑地区。

[1] 罗宏杰等：《中国古瓷中钙系釉类型划分标准及其在瓷釉研究中的应用》，《硅酸盐通报》1995 年第 2 期。

一
青
瓷

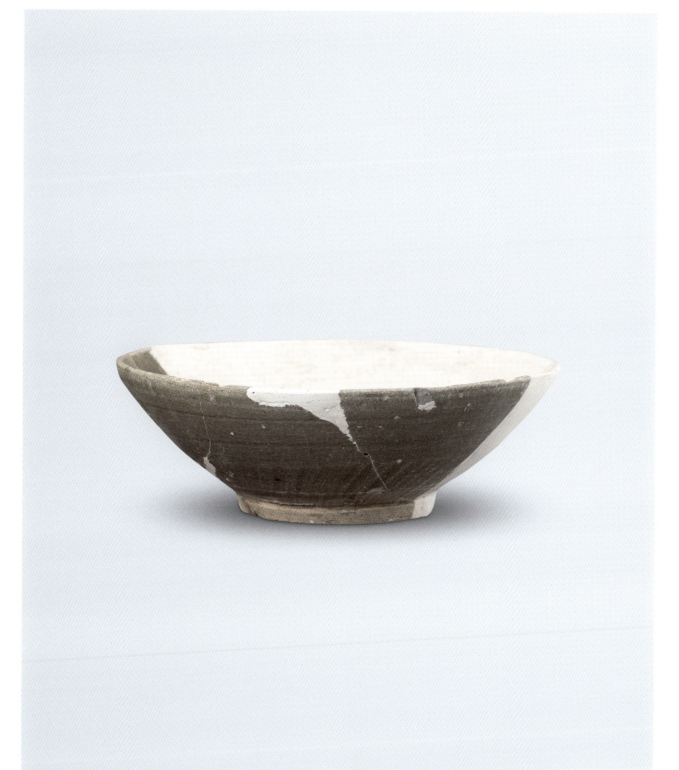

 1. 青瓷涩圈划花碗 T4 ④：17

口径 18.7、底径 8.3、高 6.5 厘米

敞口，尖圆唇，深弧腹，圈足，足墙宽厚。黄褐胎。青釉泛灰，有细碎开片。内施釉，内底涩圈，外施釉至下腹，足露胎。内腹壁划草叶纹。

2. 青瓷涩圈划花碗 T4 ④：6

口径 19.2、底径 9.1、高 6.6 厘米

敞口，尖圆唇，深弧腹，圈足。黄褐胎。青釉，透明度高，有细碎开片。内底涩圈，外施釉至足，足底露胎。内腹釉下饰以线组成的勾连草纹图案。

 3. 青瓷涩圈碗 T5 ④：4

口径 16.6、底径 7.4、高 6.5 厘米

微敞口，圆唇，弧腹，圈足，足墙宽厚。
黄褐胎。青釉泛灰，釉面有开片，透明度
高。内施釉，内底涩圈，外施釉至中腹部。
内底涩圈墨书"东□□"。

4. 青瓷涩圈碗 T4 ④：16

口径 15、底径 8.6、高 4.2 厘米

敞口，圆唇，浅弧腹，圈足，足墙宽厚。
黄褐胎。青釉泛黄，有开片。内施釉，内
底涩圈，外施釉至中腹部。内底有叠烧痕。

5. 青瓷唇口碗 T7 ⑤：3

口径 14.7、底径 5.8、高 7.2 厘米

外翻圆唇，斜弧腹，圈足。青灰胎，胎体粗疏。
青绿釉，有开片。内底露胎，外施釉至下腹部。

六 6. 青瓷唇口碗 T7 ⑤ : 6

口径 14.8、底径 6.2、高 6 厘米

外翻圆唇，弧腹，圈足。灰胎。青釉生烧。
内底露胎，外施釉至下腹部，釉下施一层化
妆土。内底有垫圈痕一圈。

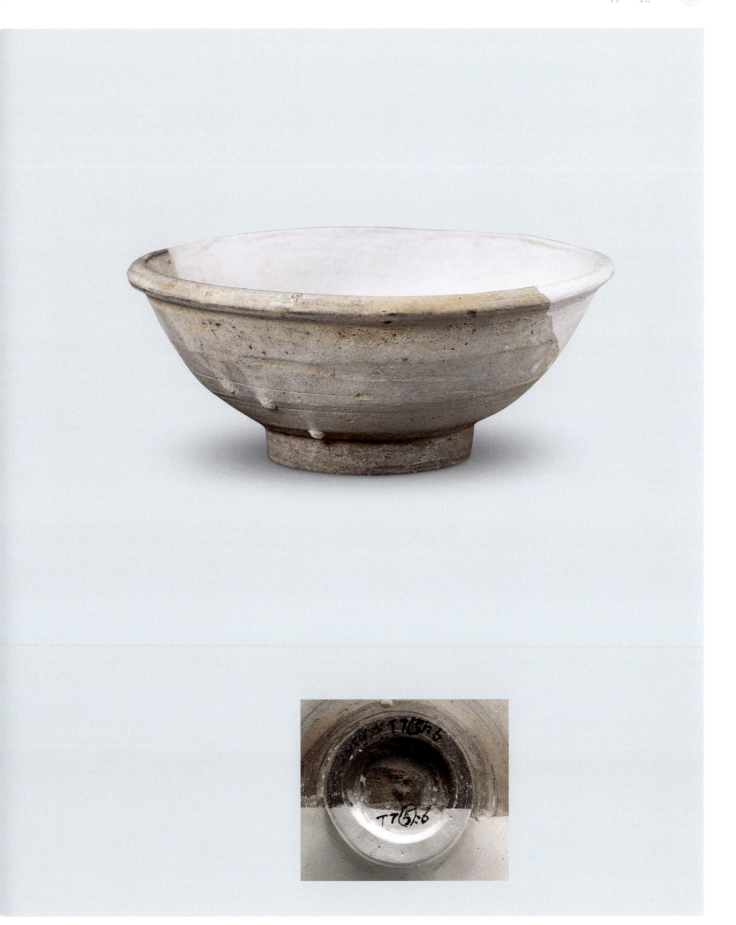

7. 龙泉窑青瓷花口盏 H22：7

口径 8.8、底径 3.2、高 5.5 厘米

莲瓣口微敛，深腹，弧壁，小圈足。灰白胎，
胎体坚致。内外满施青绿釉，釉层较厚，釉
面光洁，光泽感较强，足端无釉。

 8. 龙泉窑青瓷莲瓣纹盘 T7 ⑥：6

口径 15.2、底径 5.6、高 3.8 厘米

敞口，圆唇，浅弧腹，圈足。灰白胎。内外壁施
青绿釉，釉层较厚，釉面大开片，足端无釉。外
壁刻划莲瓣纹。

9. 龙泉窑青瓷莲瓣纹盘 H29：32

口径 16.2、底径 5.1、高 4.2 厘米

敞口，尖圆唇，浅弧腹，矮圈足。青灰胎，胎质细腻。
青釉，釉色青绿，玻璃质感强，有稀疏线状开片。
内外满釉，足沿刮釉，呈火石红。外壁刻莲瓣纹，
莲瓣中凸脊，外划单线，立体感强。

10. 龙泉窑青瓷莲瓣纹盘 T4 ④：4

口径 15.7、底径 6.6、高 4.1 厘米

敞口，圆唇，浅腹，腹壁微弧，圈足。灰白胎。
内外壁施青绿釉，釉层较厚，釉面大开片，足端
无釉。外壁刻划莲瓣纹。

11. 龙泉窑青瓷折沿盘 H29：3

口径 22.2、底径 9.9、高 5 厘米

折沿，尖圆唇，沿面微凹，沿缘上翘，斜弧腹，
大圈足。灰白胎。青绿釉，釉层较厚，釉面
光洁，光泽感较强。足端无釉。

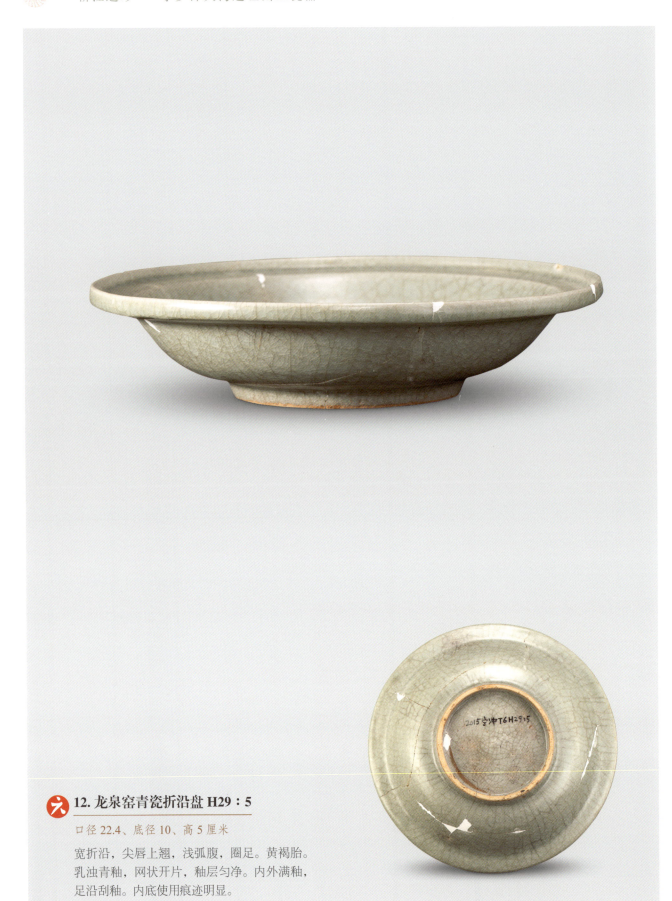

12. 龙泉窑青瓷折沿盘 H29：5

口径 22.4、底径 10、高 5 厘米

宽折沿，尖唇上翘，浅弧腹，圈足。黄褐胎。
乳浊青釉，网状开片，釉层匀净。内外满釉，
足沿刮釉。内底使用痕迹明显。

13. 龙泉窑青瓷折沿盘 H29：2

口径 22.3、底径 10.2、高 4.8 厘米

宽折沿，尖唇上翘，浅弧腹，圈足。青灰胎。
乳浊青釉，釉面开片，釉色莹润，釉面匀净。
内外满釉，足沿刮釉。

 14. 龙泉窑青瓷折沿盘 H29 : 6

口径 22、底径 10、高 5.6 厘米

宽折沿，尖唇微上翘，浅弧腹，圈足。青灰胎，
胎质细腻。乳浊青釉，略有线状开片，釉面匀净，
釉色莹润。内外满釉，足沿刮釉。

15. 龙泉窑青瓷折沿盘 H29：1

口径 22.4、底径 10、高 5.3 厘米

斜折沿，尖唇微上翘，浅弧腹，圈足。青灰胎，
胎质细腻。乳浊青釉，釉色莹润，釉面匀净。内
外满釉，足沿刮釉。内底使用痕迹明显。

2015宁冲T6H29：1

 16. 龙泉窑青瓷折沿盘 H29：7

口径 22.3、底径 10.2、高 5 厘米

斜折沿，尖唇微上翘，浅弧腹，圈足。青灰胎，胎质细腻。
乳浊青釉，釉色莹润，略开片，釉面匀净，釉色莹润。
内外满釉，足沿刮釉。内底使用痕迹明显。

 17. 龙泉窑青瓷折沿盘 H29：4

口径 22.1、底径 10.4、高 5.4 厘米

斜折沿，尖唇微上翘，浅弧腹，圈足。灰白胎，胎质细腻。乳浊青釉，釉色莹润，釉面匀净。内外满釉，足沿刮釉。内底使用痕迹明显。

18. 龙泉窑青瓷折沿盘 T7 ⑤：4

口径 25.2、底径 13.8、高 5 厘米

折沿，方唇，浅弧腹，圈足。灰白胎。内外壁满施青釉、釉色泛黄、釉层较厚、釉面细密开片，圈足及底露胎。沿面有篦划纹。

19. 龙泉窑青瓷折腹盘 T7⑤：7

口径 19.4、底径 9.8、高 3.8 厘米

大侈口，花口，方唇，浅腹，腹壁内曲，圈足。灰白胎。内外满施青釉，釉色略泛黄，足端无釉。内壁模印团圈纹，内底模印菊花纹。

 20. 龙泉窑青瓷折沿盘 H17 ① : 4

口径 17、底径 7.6、高 4.8 厘米

折沿，方唇，腹稍深，弧壁，圈足。灰白胎。
内外满施青绿釉，釉层较厚，釉面光洁，光泽
感较强，足端无釉。内壁模印莲瓣纹。

21. 青瓷折沿碟 H18：1

口径 15.8、底径 7.3、高 3.8 厘米

圆唇，折沿上翘，浅弧腹，矮圈足。灰白胎。内外施青釉，釉
色泛黄，釉面细密开片，内壁底部、外壁底部和圈足无釉。

22. 青瓷折沿碟 T5 ④：3

口径 12.5、底径 6.4、高 3.2 厘米

圆唇，折沿上翘，浅弧腹，矮圈足。灰白胎，
内外施青釉，釉色泛黄，釉面细密开片，外壁
底部和圈足无釉，内壁底部有垫圈烧痕。

23. 龙泉窑青瓷洗 H22：34

口径 13、底径 6.7、高 4.1 厘米

侈口，圆唇，腹壁斜直，下腹折收，圈足。
灰白胎。内外满施青釉，釉层较厚，釉面大
开片，足端无釉。

二　青白瓷

24. 景德镇窑青白瓷斗笠碗 G3：3

口径 13.3、底径 2.7、高 6.6 厘米

大敞口，尖圆唇，斜直腹，小饼足。灰白胎。
青白釉，有细碎开片。内外满釉，足底露胎。

25. 景德镇窑青白瓷划花斗笠碗 H17 ②：76

口径 17.2、底径 5、高 5.6 厘米

侈口，尖唇，斜弧腹，饼足，足墙斜直，足底平。白胎，
胎体轻薄、坚致。青白釉，釉色明亮莹润。内外满釉，
足底刮釉。内壁有游鱼水波纹划花。

26. 景德镇窑青白瓷划花斗笠碗 H17 ②：15

口径 17.4、底径 5.2、高 6.5 厘米

侈口，尖唇，斜弧腹，饼足。灰白胎，胎体轻薄，胎质细腻。
青白釉，釉色莹润。内外满釉，足底刮釉。内釉下细线刻波浪纹。

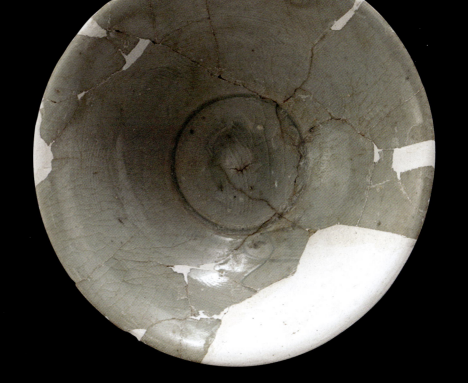

27. 景德镇窑青白瓷划花侈口碗 H24：2

口径 17.6、底径 6、高 5.8 厘米

侈口、尖唇、斜弧腹、矮圈足。灰白胎。内外满施青白釉，釉色泛灰、釉面细密开片。足底露胎。内壁及底细线刻水波纹

28. 景德镇窑青白瓷侈口碗 G3：11

口径 17.1、底径 5.3、高 5.3 厘米

侈口，尖唇，斜弧腹，矮圈足。灰白胎。青白釉。
内外满釉，足底露胎。内釉下细线刻水波纹。

 29. 青白瓷芒口莲瓣纹刻花碗 H22：15

口径 16.8、底径 5.2、高 6.2 厘米

侈口，斜方唇，深弧腹，矮圈足。灰白胎。青白釉泛黄，有细碎开片。芒口，内满釉，外施釉至足沿，足底露胎。外腹壁刻莲瓣纹。

 30. 青白瓷芒口刻花碗 T10④：1

口径 16.7、底径 5.6、高 6.3 厘米

侈口，方唇，弧腹，圈足。灰白胎。青白釉，有开片。芒口，内外满釉，足内刮釉。外腹壁刻莲瓣纹。

31. 青白瓷芒口刻花碗 T7 ⑥：18

口径 16.8、底径 5.4、高 6.4 厘米

侈口，沿微上折，斜方唇，深弧腹，矮圈足。
灰白胎，胎体坚致。青白釉，釉面有细密开片。
芒口，内外满釉，足底无釉。外腹壁刻莲瓣纹。

32. 青白瓷芒口划花碗 H28：2

口径 16.3、底径 5.1、高 6.1 厘米

侈口，沿略折，深腹，弧壁，矮圈足。灰白胎。青白釉泛黄。
芒口，内满釉，外施釉至足沿，足底露胎。内壁刻花草纹。

33. 青白瓷芒口划花碗 H17 ②：29

口径 16、底径 4.6、高 4.1 厘米

侈口，方唇，浅腹，弧壁，矮圈足。灰白胎。青白釉，釉色莹润，有线状开片。芒口，内满釉，外施釉至足沿，足底露胎。内底刻草叶纹。

34. 青白瓷芒口划花碗 T7 ⑥：10

口径 15.7、底径 4.8、高 4 厘米

侈口，斜方唇，浅弧腹，矮圈足。青灰胎，胎体坚致。青白釉，釉色明亮。芒口，口沿施紫色护胎浆，内外满釉，外底露胎。器内腹下部弦纹一周，底釉下刻篦划花卉纹。

35. 青白瓷芒口印花碗 T7 ④: 4

口径 14.6、底径 5.4、高 7.1 厘米

敞口，深腹，方唇，深弧腹，弧壁，矮圈足。灰白胎。青白釉，釉层均匀，无流釉。芒口，内外满釉，足底露胎。内壁至底依次模印回纹、折枝花卉纹、菊花纹。

36. 青白瓷芒口印花碗 H22 ①：9

口径 16.1、底径 4.7、高 3.8 厘米

敞口，方唇，浅弧腹，圈饼足。灰白胎，青白釉泛黄，
有细碎开片。芒口，内外满釉，足底露胎。内壁由口
沿下至底依次模印回纹、缠枝花卉纹、菊花纹。

37. 青白瓷芒口印花碗 T7 ⑥：32

口径 14.8、底径 6.4、高 6.8 厘米

侈口，方唇，深弧腹，矮圈足。青白乳浊釉，有气孔。
芒口，内外满釉，足底露胎。内腹壁釉下模印两组图案，
上为回纹一周，下为两周莲瓣纹。

38. 青瓷芒口印花碗 T7 ⑥：15

口径 16.7、底径 6.3、高 5.8 厘米

敞口，斜方唇，弧腹，矮圈足。灰白胎，胎体
坚致。青白釉泛灰，施釉均匀。芒口，内外满釉，
足底露胎。内壁饰一圈回纹及缠枝花卉纹。

39. 青白瓷芒口碗 T7 ⑤：8

口径 16.3、底径 5.1、高 6.0 厘米

侈口，方唇，斜弧腹，圈足。生烧，胎色泛黄。青白釉泛黄，釉色暗淡无光泽。芒口，内满釉，外施釉至足端。足底露胎。

40. 青白瓷芒口碗 H22：21

口径 14.9、底径 4.8、高 6.2 厘米

敞口，斜方唇，深弧腹，矮圈足。灰白胎。青白釉，有细碎开片。芒口，内外满釉，足底露胎。

41. 青白瓷芒口碗 H22：35

口径 14.6、底径 4.7、高 3.6 厘米

敞口，斜方唇，浅弧腹，矮圈足。灰白胎。青白釉，
有细碎开片。芒口，内外满釉，足底露胎。

42. 青白瓷芒口碗 H28：8

口径 16.5、底径 5.5、高 4.4 厘米

敞口，浅弧腹，浅圈足。灰白胎。青
白釉。芒口，内外满釉，足底露胎。

43. 青白瓷芒口碗 H30：5

口径 15.1、底径 3.8、高 3.9 厘米

敞口，浅弧腹，矮圈足。青白釉，釉色晶莹。
芒口，内外满釉，足底露胎。

44. 青白瓷芒口碗 H17②：5

口径 15.9、底径 5.7、高 4.6 厘米

敞口，弧腹，矮圈足。青白釉，釉色明亮。芒口，
内满釉，外施釉至足沿，足底露胎。

45. 青白瓷芒口碗 H17②：26

口径 15、底径 5.5、高 3.6 厘米

敞口，浅弧腹，矮圈足。青白釉，有细碎开片。
芒口，内满釉，外施釉至足沿，足底露胎。

46. 青白瓷芒口碗 T4 ④：5

口径 15、底径 5.2、高 3.7 厘米

侈口，方唇，浅盘，弧壁，平底稍凹。青白釉泛灰，
有细碎开片。芒口，内外满釉，底露胎。

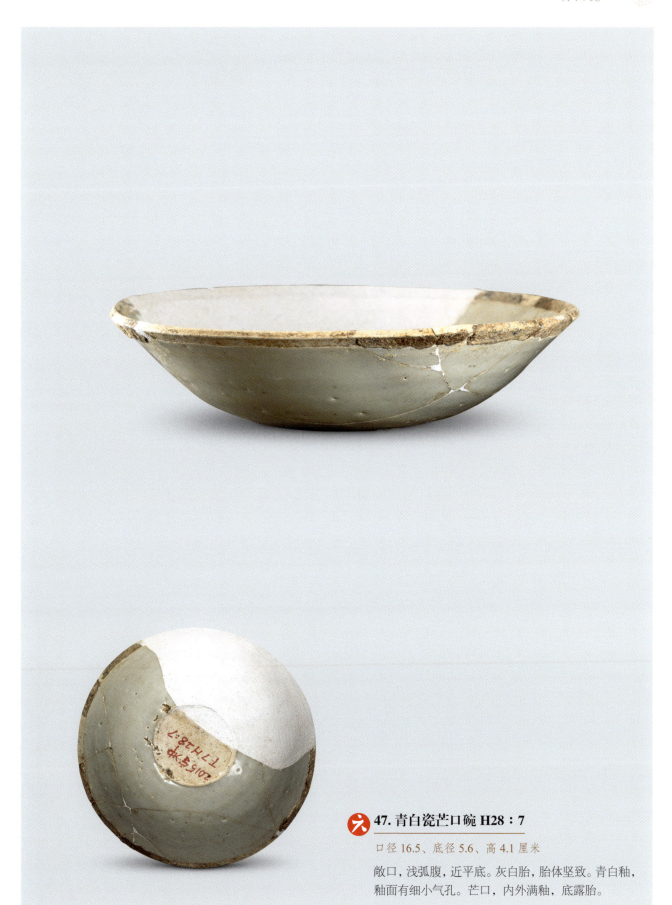

47. 青白瓷芒口碗 H28：7

口径 16.5、底径 5.6、高 4.1 厘米

敞口，浅弧腹，近平底。灰白胎，胎体坚致。青白釉，
釉面有细小气孔。芒口，内外满釉，底露胎。

48. 青白瓷芒口碗 T7 ⑥：9

口径 14.9、底径 4.7、高 4.1 厘米

侈口，斜方唇，浅弧腹，矮圈足。青灰胎，质坚。
青白釉，釉色明亮，有细碎开片。芒口，内外满釉、
足底露胎，口沿施紫色胎浆。内底釉下有细弦纹一周。

49. 青白瓷芒口碗 H17②：64

口径 16.2、底径 5、高 6.7 厘米

敞口、深弧腹、饼足。灰白胎。青

50. 青白瓷芒口碗 H17 ②：51

口径 14.5、底径 5.6、高 5.9 厘米

敞口，斜方唇，深弧腹，矮圈足。灰白胎。青白釉泛灰。芒口，外底露胎，其余部位均施釉。

51. 青白瓷芒口碗 H17 ②：69

口径 16.4、底径 5.4、高 5.3 厘米

敞口，斜弧腹，矮圈足。灰白胎。青白釉，有细碎开片。芒口，内外满釉，足底露胎。

52. 青白瓷芒口碗 T7 ⑦: 1

口径 16.6、底径 5.2、高 6.1 厘米

侈口，深弧腹，矮圈足。灰白胎。青白釉泛黄。芒口，内外满釉，底露胎。

53. 青白瓷芒口碗 H17 ②: 27

口径 16.9、底径 5.5、高 5.8 厘米

敞口，斜方唇，弧腹，矮圈足。灰白胎，胎坚致。青白釉。芒口，内外满釉，足底露胎。内釉下刻粗线条草叶纹。

 54. 青白瓷芒口碗 H17 ③：10

口径 16.3、底径 4.8、高 5.8 厘米

侈口，圆唇，深弧腹，矮圈足。灰白胎。
青白釉，透明度高，有细碎开片。芒口，
内外满釉，足底露胎。

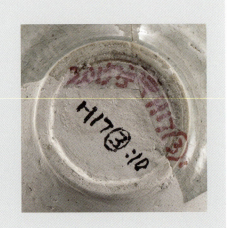

55. 青白瓷芒口碗 T6 ⑥：1

口径 16.4、底径 4.9、高 6.2 厘米

侈口，方唇，斜弧腹，矮圈足。青灰胎。青白釉泛灰，有细碎开片。芒口，内外满釉，足底露胎。

56. 青白瓷芒口碗 T7 ⑥：7

口径 16.9、底径 5.4、高 5.9 厘米

侈口，斜方唇，弧腹，矮圈足。青灰胎。青白釉，有细碎开片，釉色明亮。芒口，内外满釉，足底露胎。

57. 青白瓷芒口碗 H29：8

口径 16.2、底径 5、高 5.1 厘米

侈口，斜方唇，深弧腹，矮圈足。灰白胎。青
白釉，釉面开片。芒口，内外满釉，足内刮釉。
内底酱釉书"六"字。

58. 青白瓷芒口碗 H29：14

口径 16.4、底径 5、高 5.1 厘米

侈口、斜方唇、深弧腹、矮圈足。灰白胎，胎
体轻薄。青白釉，有开片。芒口，内外满釉，
足内刮釉。内底酱釉书"六"字。

59. 青白瓷芒口碗 H29：9

口径 16.4、底径 5.1、高 5.2 厘米

侈口，斜方唇，深弧腹，矮圈足。灰白胎，质
坚。青白釉。芒口，内外满釉，足底旋削露胎。
内底中央酱釉书"六"字。

六 60. 青白瓷芒口碗 H29：12

口径 16.2、底径 5、高 4.9 厘米

侈口、斜方唇，深弧腹，矮圈足。灰白胎，青白釉，釉面开片。
芒口，内外满釉，底足旋削露胎。内底中央酱釉书"六"字。

口径 16.2、底径 5、高 5.1 厘米

侈口、斜方唇、深弧腹、矮圈足。灰白胎。青白釉，釉面开片

芒口，内外满釉，底足旋削露胎。内底中央茜釉书"六"字

61. 青白瓷芦口碗 H29：11

62. 青白瓷芒口碗 H29：16

口径 16.3、底径 5.4、高 5 厘米

侈口，方唇，深弧腹，矮圈足。灰白胎，胎体轻薄。青白釉，
有开片。芒口，内外满釉，足内刮釉。内底酱釉书"六"字。

63. 青白瓷芒口碗 H29：15

口径 16.3、底径 5.2、高 5.2 厘米

侈口，斜方唇，深弧腹，矮圈足。灰白胎。青白釉。芒口，
内外满釉，底足旋削露胎。内底中央酱釉书"六"字。

64. 青白瓷芒口碗 H29：13

口径 16.3、底径 5.2、高 5.2 厘米

侈口，斜方唇，深弧腹，矮圈足。灰白胎。青白釉，釉面有线状开片。芒口，内外满釉，底足旋削露胎。内底中央酱釉书"六"字。

65. 青白瓷芒口碗 H29：10

口径 16.4、底径 5.4、高 5.2 厘米

侈口，斜方唇，深弧腹，矮圈足。灰白胎。青白釉。有细碎开片。芒口，内外满釉，底足旋削露胎。内底中央酱釉书"六"字。

66. 青白瓷涩圈碗 T7 ④：2

口径 11.6、底径 5.8、高 3.8 厘米

敞口，折沿，浅腹，斜弧壁，矮圈足。灰白胎。青白釉泛黄，
釉层有脱落。内底涩圈一周，外施釉至中腹部。

 **67. 青白瓷涩圈碗 H29：18**

口径 16.4、底径 8.6、高 5.4 厘米

敞口，尖唇，斜直腹，圈足。黄褐胎。青白釉泛黄，有开片。内施釉，内底涩圈，外施釉至中腹部。

68. 青白瓷涩圈碗 H17 ②：1

口径 17、底径 7.7、高 5.5 厘米

敞口，尖唇，斜直腹，圈足，足墙宽厚。青灰胎，
胎体坚致。青白釉泛灰。内施釉，内底涩圈，
外施釉至下腹部。

73. 青白瓷涩圈碗 H17 ②：37

口径 17、底径 8.6、高 5.1 厘米

敞口，尖唇，斜直腹，圈足，足墙宽厚。青灰胎。
青白釉泛灰。内施釉，内底涩圈，外施釉至
下腹部。

74. 青白瓷涩圈碗 H17 ②：38

口径 16.4、底径 8.3、高 5.1 厘米

敞口，尖唇，斜直腹，圈足，足墙宽厚。灰白胎。
施乳白色釉。内施釉，内底涩圈，外施釉至
下腹部。内壁使用痕迹明显。

75. 青白瓷涩圈碗 H17 ②：39

口径 17.4、底径 8.2、高 5.4 厘米

敞口，尖唇，斜直腹，圈足，足墙宽厚。青灰
胎，胎体坚致。青白釉泛灰，釉面匀净。内施
釉，内底涩圈，外施釉至下腹部。

76. 青白瓷涩圈碗 H17 ②：40

口径 17.4、底径 8.4、高 5.9 厘米

敞口，尖唇，斜直腹，圈足，足墙宽厚。
青灰胎，胎体坚致。青白釉泛灰。内施釉，
内底涩圈，外施釉至下腹部。

77. 青白瓷涩圈碗 H17 ②：63

口径 16.3、底径 8.8、高 5.1 厘米

敞口，尖唇，浅腹微弧，圈足，足墙宽厚。黄褐胎。青白釉泛黄，有开片。内底涩圈，外施釉至中腹部。

78. 青白瓷涩圈碗 H17 ②：65

口径 17.1、底径 8、高 5.1 厘米

敞口，尖唇，斜直腹，圈足，足墙宽厚。青灰胎，胎体坚致。青白釉泛灰，釉面凹凸不平。内施釉，内底涩圈，外施釉至下腹部。

79. 青白瓷涩圈碗 H17 ②：68

口径 17.1、底径 8.6、高 5.5 厘米

敞口，尖唇，斜直腹，圈足，足墙宽厚。紫褐色胎，胎体坚致。釉生烧呈粉白色，脱釉严重。内施釉，内底涩圈，外施釉至下腹部。

80. 青白瓷涩圈碗 H17 ②：70

口径 17.2、底径 7.8、高 5.8 厘米

敞口，尖唇，斜直腹，圈足，足墙宽厚。青灰胎，胎体坚致。青白釉泛灰。内施釉，内底涩圈，外施釉至下腹部。

81. 青白瓷涩圈碗 H17 ③: 2

口径 17、底径 7.7、高 5.4 厘米

敞口，尖唇，斜直腹，圈足，足墙宽厚。
青灰胎，胎体坚致。青白釉泛灰。内施釉，
内底涩圈，外施釉至下腹部。

 82. 青白瓷涩圈碗 H17 ③: 3

口径 16.6、底径 9.8、高 6.6 厘米

敞口，尖唇，斜直腹，矮圈足，外足墙斜收。黄褐胎。
青白釉泛黄。内施釉，内底涩圈，外施釉至下腹部。

83. 青白瓷涩圈碗 H17 ③: 4

口径 16.4、底径 7.1、高 4.3 厘米

敞口，尖唇，斜直腹，圈足，足墙宽厚。灰
胎。青白釉泛黄。内施釉，内底涩圈，外施
釉至下腹部。内壁有修胎痕。

 84. 青白瓷涩圈碗 H17 ③：5

口径 17.4、底径 7.9、高 5.8 厘米

敞口，尖唇，斜直腹，圈足。青灰胎，胎体坚致。青
白釉泛灰。内施釉，内底涩圈，外施釉至下腹部。

85. 青白瓷涩圈碗 H20：2

口径 17.4、底径 8.6、高 5.1 厘米

敞口，尖唇，斜弧腹，圈足，足墙宽厚。灰白胎，
胎体坚致。青白釉泛灰，釉面有开片。内施釉，
内底涩圈，外施釉至下腹部。

86. 青白瓷涩圈碗 H22：12

口径 17.3、底径 9、高 5.8 厘米

敞口，尖唇，斜直腹，圈足。足墙宽厚。
紫灰胎。青白釉生烧，多脱落。内施釉，
内底涩圈，外施釉至下腹部。

87. 青白瓷涩圈碗 H22：22

口径 15.4、底径 8.3、高 4.9 厘米

敞口，圆唇，斜弧腹，圈足，足墙宽厚。灰胎。青
白釉泛灰，釉色暗淡无光泽，釉面有开片。内施釉，
内底涩圈，外施釉至下腹部。

88. 青白瓷涩圈碗 H22：24

口径 17、底径 8.9、高 5.9 厘米

敞口，尖唇，斜弧腹，圈足，足墙宽厚。黄褐胎。青白釉
泛黄，有开片。内施釉，内底涩圈，外施釉至下腹部。

89. 青白瓷涩圈碗 H22：33

口径 16.2、底径 8、高 5 厘米

敞口，圆唇，斜弧腹，圈足，足墙宽厚。
紫褐色胎。青白釉泛灰。内施釉，内底涩圈，
外施釉至下腹部。

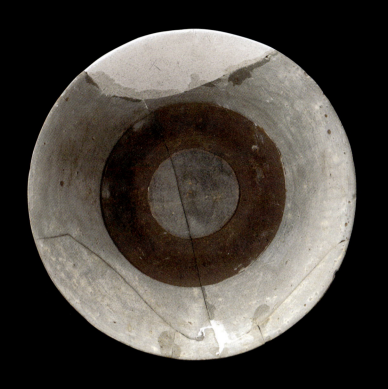

90. 青白瓷涩圈碗 H25：1

口径 16.8、底径 8.8、高 5.6 厘米

敞口，尖唇，斜弧腹，圈足，足墙宽厚。紫褐色胎。青白釉生烧，釉层完全脱落。内施釉，内底涩圈，外施釉至下腹部。

91. 青白瓷涩圈碗 T3 ⑤：3

口径 16.4、底径 8.5、高 5.5 厘米

敞口，圆唇，斜直腹。圈足。黄褐胎。青白釉。内施釉，内底涩圈，外施釉至中腹部。

92. 青白瓷涩圈碗 H22：5

口径 17.2、底径 7.9、高 5.6 厘米

敞口，尖圆唇，斜弧腹，圈足，足墙宽厚。
青灰胎，胎体坚致。青白釉泛灰。内施釉，
内底涩圈，外施釉至下腹部。

 93. 青白瓷涩圈碗 H17 ② : 4

口径 10.3、底径 3.6、高 5.3 厘米

敞口，尖唇，斜弧腹，圈足，足墙宽厚。青灰
胎，胎体坚致。青白釉。内施釉，内底涩圈，
外施釉至下腹部。涩圈有叠烧痕迹。

94. 青白瓷涩圈碗 H17 ②: 6

口径 17.8、底径 8.3、高 6.1 厘米

敞口，尖唇，斜直腹，圈足，足墙宽厚。黄褐胎。青白釉泛黄，釉色暗淡。内施釉，内底涩圈，外施釉至下腹部。

95. 青白瓷涩圈碗 H17 ②: 12

口径 17.1、底径 7.9、高 5.4 厘米

敞口，尖唇，斜直腹，圈足，足墙宽厚。青灰胎，胎体坚致。青白釉。内施釉，内底涩圈，外施釉至下腹部。外底有叠烧粘砂痕迹。

 96. 青白瓷涩圈碗 H31：1

口径 16.7、底径 8.7、高 5.3 厘米

敞口，尖唇，斜直腹，圈足，足墙宽厚。青
灰胎，胎体坚致。青白釉。内施釉，内底涩圈，
外施釉至下腹部。涩圈见有叠烧粘砂痕迹。

97. 青白瓷涩圈碗 T7 ⑤：2

口径 16.8、底径 8.6、高 5.4 厘米

敞口，尖唇，斜弧腹，圈足，足墙宽厚。紫褐胎。青白釉泛黄。内施釉，内底涩圈，外施釉至下腹部。

98. 青白瓷涩圈碗 T7 ⑥：3

口径 17、底径 8.9、高 5.5 厘米

敞口，尖唇，斜直腹，圈足，足墙宽厚。紫褐胎。青白釉，釉层多脱落。内施釉，内底涩圈，外施釉至下腹部。

99. 青白瓷涩圈碗 T7 ⑥：16

口径 16.9、底径 8.5、高 5.1 厘米

敞口，尖唇，斜弧腹，圈足。青灰胎，胎体坚致。青白釉，釉色莹润。内施釉，内底涩圈，外施釉至下腹部。

100. 青白瓷涩圈碗 T7 ⑥：19

口径 17.3、底径 8.6、高 5.5 厘米

敞口，尖唇，斜直腹，圈足，足墙宽厚。青灰胎，胎体坚致。青白釉，有细碎开片。内施釉，内底涩圈，外施釉至下腹部。

**101. 青白瓷涩圈碗 T7 ⑥：30**

口径 17.1、底径 8.8、高 5.5 厘米

敞口，尖唇，斜弧腹，圈足。青灰胎，胎体坚致。
青白釉，有开片，无流釉。内施釉，内底涩圈，
外施釉至下腹部。

**102. 青白瓷涩圈碗 T7 ⑥：31**

口径 17、底径 7.9、高 5.2 厘米

敞口，尖唇，斜弧腹，圈足，足墙宽厚。青灰胎，
胎体坚致。青白釉生烧，釉层多脱落。内施釉，
内底涩圈，施釉至下腹部。

103. 青白瓷涩圈碗 T7 ⑥：35

口径 17.2、底径 9.2、高 5 厘米

敞口，圆唇，斜直腹，圈足。灰褐胎。青白釉，釉面略有开片。内施釉，内底涩圈，外施釉至下腹部。

104. 青白瓷涩圈碗 H28：14

口径 17、底径 7.5、高 5.3 厘米

敞口，尖唇，深腹碗，圈足，足墙宽厚。紫褐胎。青白釉泛黄。内施釉，内底涩圈，外施釉至下腹部。涩圈有叠烧痕。

105. 青白瓷涩圈碗 T10 ④：2

口径 16.2、底径 8.5、高 5 厘米

敞口，尖唇，斜直腹，圈足，足墙宽厚。灰褐胎。青白釉，
釉层基本脱落。内施釉，内底涩圈，外施釉至下腹部。

106. 青白瓷涩圈碗 H22：6

口径 17.1、底径 8.9、高 5.7 厘米

敞口，尖唇，斜直腹，圈足，足墙宽厚。黄褐胎。
青白釉。内施釉，内底涩圈，外施釉至下腹部。

107. 青白瓷涩圈碗 H31：3

口径 17.3、底径 8.8、高 5.4 厘米

敞口，尖唇，斜直腹，圈足，足墙宽厚。黄褐胎。青白釉，有开片。内施釉，内底涩圈，外施釉至下腹部。

108. 青白瓷涩圈碗 H29：20

口径 16.4、底径 8.7、高 5 厘米

敞口，尖唇，斜直腹，圈足，足墙宽厚。黄褐胎。青白釉泛黄。内施釉，内底涩圈，外施釉至中腹部。

109. 青白瓷涩圈碗 H29：17

口径 16.4、底径 8.4、高 5.3 厘米

敞口，尖唇，斜直腹，圈足，足墙宽厚。黄褐胎。青白釉泛黄。内施釉，内底涩圈，外施釉至中腹部。

114. 青白瓷涩圈碗 H29：24

口径 16.2、底径 8.4、高 5.5 厘米

敞口，尖唇，斜直腹，圈足，足墙宽厚。黄褐胎。青白釉泛黄，有开片。内施釉，内底涩圈，外施釉至中腹部。

 115. 青白瓷涩圈碗 H29：22

口径 16.1、底径 9、高 5.2 厘米

敞口，尖唇，斜直腹，圈足，足墙宽厚。紫褐色胎。青白釉泛灰。内施釉，内底涩圈，外施釉至下腹部。

116. 青白瓷涩圈碗 H29∶19

口径 16、底径 8.5、高 5.4 厘米

敞口，尖唇，斜直腹，圈足。黄褐胎。青白釉泛黄，
有开片。内施釉，内底涩圈，外施釉至中腹部。

117. 青白瓷涩圈碗 H29∶21

口径 16.2、底径 8.6、高 5.2 厘米

敞口，尖唇，斜直腹，圈足。黄褐胎，生烧，
胎色黄。青白釉泛黄，有开片。内施釉，内
底涩圈，外施釉至下腹部。

118. 青白瓷涩圈碗 H29：33

口径 14.6、底径 8.2、高 3.3 厘米

敞口，尖圆唇，浅弧腹，矮圈足，足墙宽厚。灰白胎。青白釉，
釉色莹润，有开片。内满釉，内底涩圈，外壁施釉至下腹部。

119. 青白瓷涩圈碗 H28：6

口径 17.8、底径 8.4、高 6.1 厘米

敞口，尖圆唇，深直腹，矮圈足。黄
褐胎。青白釉泛黄，多脱落。内施釉，
内底涩圈，外施釉至下腹部。

120. 青白瓷涩圈碗 H22：20

口径 16.7、底径 8.3、高 5.3 厘米

敞口，尖圆唇，深直腹，圈足，足墙宽厚。青灰
胎，胎体坚致。青白釉泛灰，有开片，釉面有细
小气孔。内施釉，内底涩圈，外施釉至下腹部。

121. 青白瓷墩式碗 T7 ⑤：5

口径 14、底径 5.4、高 7.4 厘米

敞口，方唇，弧腹，高圈足。紫褐胎。青白釉泛灰，
釉色暗淡。内外满釉，足沿刮釉，足内露胎。

122. 青白瓷芒口盏 T7 ⑥：29

口径 10.5、底径 4.8、高 4.9 厘米

敞口，方唇，深弧腹，圈足。青灰胎，胎体坚致。青白釉泛灰，釉面有开片。芒口，内外满釉，足内满釉。

123. 青白瓷芒口盏 T7 ⑥：33

口径 10.3、底径 4.4、高 4.9 厘米

敞口，斜方唇，深弧腹，圈足。青灰胎，胎体坚致。青白釉。芒口，内外满釉。

124. 青白瓷芒口盏 H17（2）：56

口径 10.4、底径 3.8、高 5 厘米

敞口，方唇，深弧腹，矮圈足。青灰胎，
胎体坚致。青白釉，无流釉。芒口，内
外满釉，足底无釉。

125. 青白瓷芒口盏 T7（6）：26

口径 13、底径 5.8、高 5.8 厘米

敞口，方唇，深弧腹，圈足。青灰胎。青白釉
泛灰，有细碎开片，釉面干涩。芒口，内满釉，
外施釉至足沿，口沿刷紫色扩胎浆，足底露胎。

126. 青白瓷芒口盏 H17（3）：1

口径 10.6、底径 4.5、高 4.9 厘米

敞口、斜方唇、深弧腹、圈足，足墙外撇。青灰胎，胎体坚致。青白釉泛灰，透明度高，有开片。芒口，内外满釉，外口沿下露胎较多。

 130. 青白瓷盏 H30：4

口径 9.6、底径 4.8、高 5.2 厘米

敞口，圆唇，深弧腹，矮圈足。青灰胎，胎体
坚致。青白釉泛灰。内满釉，外施釉至下腹部。

131. 青白瓷盏 T3 ⑥：1

口径 9.8、底径 4.8、高 4.6 厘米

敞口，圆唇，弧腹，圈足。黄褐胎。青白釉泛黄，釉面开片，剥釉。内满釉，外施釉至下腹部。

132. 青白瓷盏 T7 ⑥：1

口径 9.9、底径 4.7、高 4.9 厘米

敞口，方唇，束颈，上腹折，下腹斜收，圈足。青灰胎。青白釉泛黄，釉面有气孔和剥釉。芒口，内满釉，外施釉至下腹部，足露胎。

133. 青白瓷盏 H22：2

口径 10、底径 4.5、高 5.2 厘米

敞口，方唇，束颈，折肩，弧腹，圈足。
青灰胎。青白釉泛黄，釉面有剥釉。芒口，
内满釉，外施釉至下腹部。

134. 青白瓷盏 H22：4

口径 10.4、底径 5.3、高 5.2 厘米

敞口，方唇，束颈，折肩，深腹，圈足。青灰胎，胎体坚硬。青白釉泛灰，无流釉，釉面有杂斑。芒口，内满釉，外施釉至下腹部。

 135. 青白瓷盏 H22：3

口径 10.9、底径 5、高 5.2 厘米

敞口，方唇，束颈，折肩，斜弧腹，圈足。
黄褐胎。青白釉泛黄，釉面开片。芒口，口
部刷紫色护胎浆，内满釉，外施釉至中腹部。

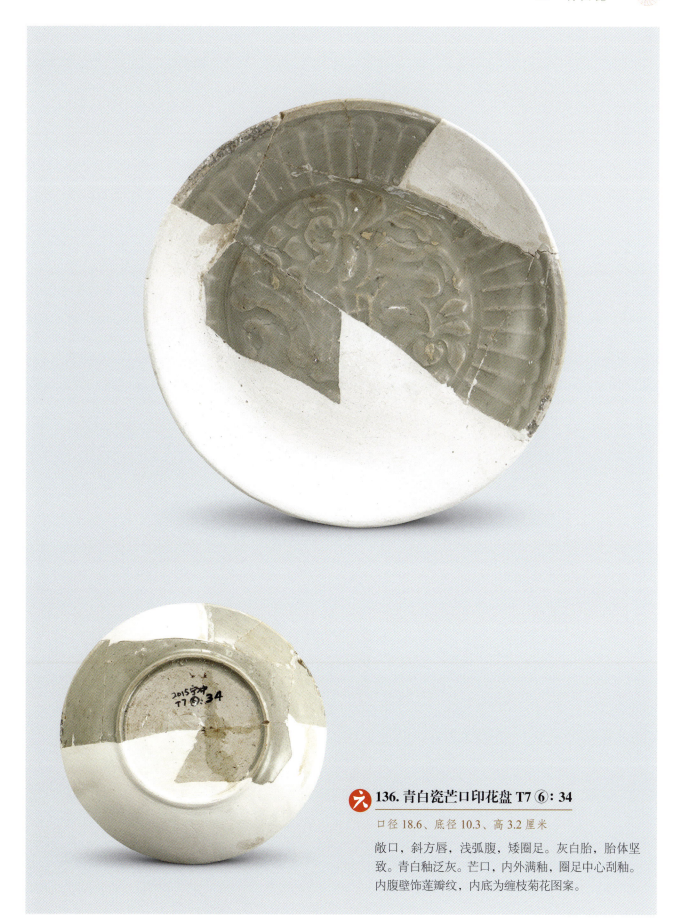

136. 青白瓷芒口印花盘 T7 ⑥：34

口径 18.6、底径 10.3、高 3.2 厘米

敞口，斜方唇，浅弧腹，矮圈足。灰白胎，胎体坚致。青白釉泛灰。芒口，内外满釉，圈足中心刮釉。内腹壁饰莲瓣纹，内底为缠枝菊花图案。

137. 青白瓷芒口印花盘 H22 ①：11

口径 173、底径 10.3、高 3.1 厘米

敞口，斜方唇，浅弧腹，大平底。灰白胎，胎体坚致。
乳白釉。芒口，内外满釉，底部刮釉，口部刷护胎浆。
内底一周凹弦纹，饰缠枝花卉图案，内腹壁为莲瓣纹。
整器做工精巧，施釉匀称，图案美观。

139. 青白瓷芒口印花盘 H30：3

口径 13.1、底径 6.4、高 3.3 厘米

敞口，斜方唇，浅弧腹，矮圈足。青灰胎。青白釉，釉面有黑色杂斑，暗淡无光。芒口，内满釉，外施釉至底足，足底刮釉。内壁模印莲瓣纹。

140. 青白瓷芒口盘 H22：18

口径 15.3、底径 4.6、高 3.4 厘米

敞口，斜方唇，浅弧腹，矮圈足。青灰胎。青白釉，釉面有细碎开片。芒口，内满釉，外施釉至底，足底露胎。内底有弦纹一周。

141. 青白瓷芒口盘 H17 ②：59

口径 13.9、底径 7.4、高 3.2 厘米

敞口，斜方唇，浅弧腹，平底稍内凹。青灰胎，胎体坚致。青白釉泛灰，透明度高。芒口，内满釉，外施釉至底，平底刮釉。

144. 青白瓷折沿碟 H28：1

口径 11.6、底径 5.2、高 4.1 厘米

敞口，折沿，尖圆唇，浅弧腹，圈足。青灰胎，
胎体坚致。青白釉泛灰。内施釉，内底涩圈，
外施釉至下腹部。外底有叠烧粘连石英砂。

145. 青白瓷芒口碟 T7 ⑥：4

口径 11.8、底径 6.8、高 3 厘米

敞口，斜方唇，浅弧腹，矮圈足。青灰胎。
青白釉泛黄，略生烧。芒口，内外满釉。

146. 青白瓷芒口碟 H25：3

口径 11.8、底径 6.8、高 3 厘米

敞口，斜方唇，浅弧腹，圈足。胎生烧呈黄褐色。
青白釉泛黄，有开片。芒口，内满釉，外施釉至底，
足底刮釉。

147. 青白瓷芒口碟 T3 ⑤：2

口径 12.8、底径 7.1、高 2.8 厘米

敞口，斜方唇，斜弧壁，矮饼足。灰白胎，胎
体坚致。青白釉泛黄，釉面斑驳，有开片。芒口，
内满釉，外施釉至底，足底露胎。

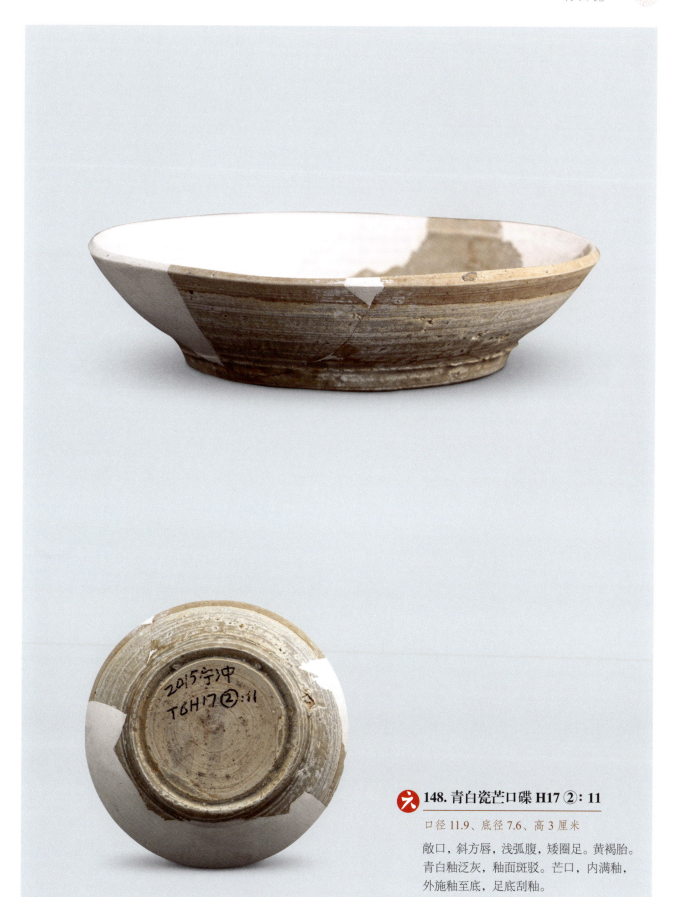

148. 青白瓷芒口碟 H17 ②：11

口径 11.9、底径 7.6、高 3 厘米

敞口，斜方唇，浅弧腹，矮圈足。黄褐胎。青白釉泛灰，釉面斑驳。芒口，内满釉，外施釉至底，足底刮釉。

149. 青白瓷芦口碟 H24 ： 3

口径 11.3、足径 7.8、高 3 厘米。

敞口、方唇，弧腹，圈足。灰白胎，青白釉，釉
面光亮。芦口，口部以下内外施釉，底足露胎。

2015字冲
H24:3

150. 青白瓷花口碟 H22 ∶ 19

口径 11、底径 3.3、高 2.5 厘米

花口，圆唇，弧壁，小平底。内壁刻划莲瓣纹。灰白胎。内外施青白釉，釉面光亮，外壁腹部以下露胎。

151. 青白瓷杯 T3 ④ : 3

口径 9.8、底径 4.1、高 5.5 厘米

口微敞，圆唇，深弧腹，饼足。黄褐胎。青白釉，釉面多开片。内满釉，外施釉至下腹部。

 152. 青白瓷杯 T4 ④：7

口径 9.6、底径 4.2、高 5.3 厘米

口微敛，圆唇，深弧腹，饼足。青灰胎，胎体
坚致。青白釉，釉面多细碎开片，有少量黑色
杂斑。内满釉，外施釉至下腹部。

153. 青白瓷炉 T6 ⑤: 1

口径 12.8、底径 6.6、高 9 厘米

直口，沿平有唇，直壁微弧，圈足。灰白胎，胎
体坚致。青白釉泛灰，釉面有开片，多黑色杂斑。
内壁多露胎，近口沿处施釉，外施釉至下腹部，
腹底有削痕，底足露胎。口沿处有叠烧痕迹。

154. 青白瓷灯盏 T2 ⑤：1

口径 7.6、底径 2.9、高 2.3 厘米

敞口，圆唇，斜弧壁，平底微内凹。灰白胎，
胎体坚致。青白釉，釉色莹润有光泽，透明度高，
有开片。仅内壁及底施釉，其余露胎。

155. 青白瓷砚滴 H29：29

口径 1.4、最大腹径 6.9、底径 4、高 5.8 厘米

体积较小，造型别致。小口，溜肩，鼓腹，饼足，腹上部一侧有短流斜立，另一侧为环形把手，肩部为菊花瓣状纹饰。白胎。青白釉泛黄，釉面有开片，局部有铁斑，透明度高。内壁施釉，外施釉至下腹部。

三 酱釉瓷

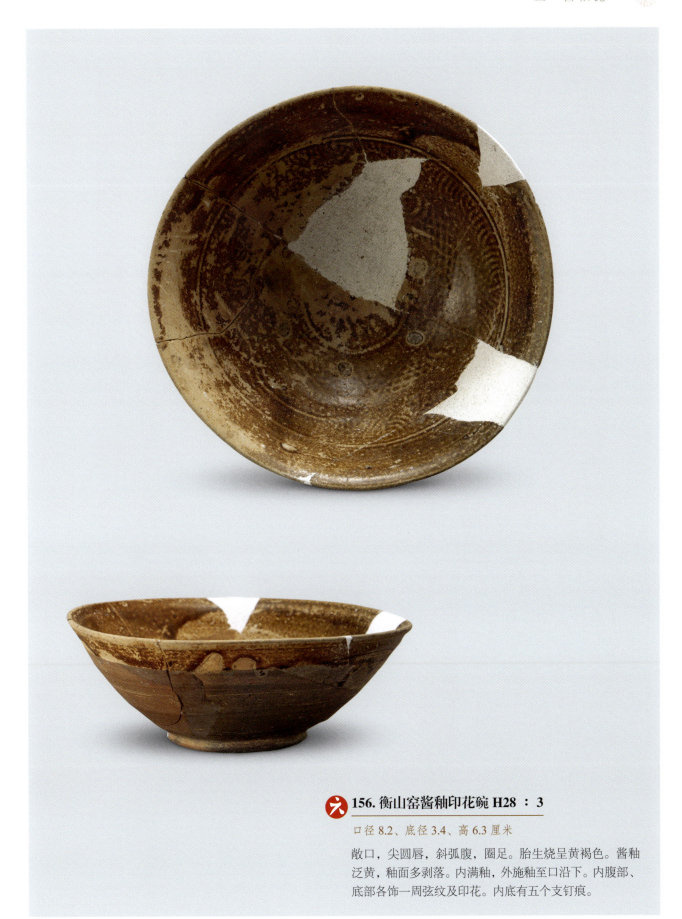

156. 衡山窑酱釉印花碗 H28：3

口径 8.2、底径 3.4、高 6.3 厘米

敞口，尖圆唇，斜弧腹，圈足。胎生烧呈黄褐色。酱釉泛黄，釉面多剥落。内满釉，外施釉至口沿下。内腹部、底部各饰一周弦纹及印花。内底有五个支钉痕。

157. 衡山窑酱釉碗 H22：30

口径 18.8、底径 7.7、高 6.7 厘米

敞口、圆唇，深腹，矮圈足。紫褐胎。酱釉。
内满釉，外施釉至上腹部，内壁及外壁上
部施化妆土。内底有支钉痕六个。

158. 衡山窑酱釉碗 G3：2

口径 16.8、底径 7.3、高 6.1 厘米

敞口，尖圆唇，深弧腹，矮圈足。紫褐胎。酱釉，釉面开片，呈色不均。内满釉，外施釉至中腹部，内壁与外壁中腹部施一层化妆土。内底饰弦纹一周，有支钉痕六个。

159. 酱釉碗 T5④：7

口径 14.5、底径 7.3、高 5.2 厘米

敛口，尖唇，深弧腹，圈足。灰黑胎。酱黑色釉，多脱釉。

160. 酱釉碗 H34：1

口径 16.1、底径 6.4、高 5.5 厘米

敞口，圆唇，斜弧腹，圈足。灰褐胎。酱釉，釉面
有开片。内外均施半釉。内外底均有叠烧斑块痕迹。

161. 酱釉碗 T4 ④：14

口径 15.4、底径 5、高 4.8 厘米

敞口，圆唇，弧腹，圈足。紫褐色胎。酱釉，釉面斑驳。芒口，内满釉，外施釉至底，足底露胎。口沿下有弦纹一周。

162. 酱釉碗 T7 ⑥：14

口径 16.4、底径 5.5、高 6.3 厘米

敞口，圆唇，深弧腹，矮圈足。紫褐胎。酱釉。内满釉，外施釉至中腹部。内壁釉下有四组白色梅花点彩图案。内底有五个支钉痕。

 163. 酱釉盏 H17 ②：17

口径 10.7、底径 3.6、高 4.5 厘米

敞口，圆唇，深弧腹，饼足。紫褐胎。酱黑釉，釉面斑驳，有剥落现象。内满釉，外施釉至下腹部。

 164. 酱釉盏 H17 ②：19

口径 11.1、底径 3.4、高 4.8 厘米

敞口，尖圆唇，微束颈，深弧腹，小圈足。红褐色胎。酱釉，有开片，釉面多杂斑，暗淡无光。内满釉，外施釉至中腹部。腹底部有修胎旋削痕。

165. 酱釉盏 H17 ② : 18

口径 11.7、底径 3.6、高 5 厘米

敞口，尖圆唇，微束颈，深弧腹，圈足。紫褐胎。酱釉，多开片，有流釉与积釉，积釉处有窑变。内满釉，外施釉至中腹部。釉下施一层化妆土。

166. 酱釉盏 H17 ②：22

口径 11.8、底径 3.2、高 5 厘米

敞口，圆唇，斜弧腹，圈足。紫褐胎。酱釉，
釉面开片，有窑变。内满釉，外施釉至上腹部，
釉下施一层化妆土。腹底部有修胎旋削痕。

167. 酱釉盏 H17 ②: 42

口径 10.8、底径 3.6、高 5 厘米

口微敛，圆唇，深弧腹，饼足。胎生烧呈黄褐色。酱黑釉，釉面多气孔和杂斑，呈色不均。内满釉、外施釉至中腹部，釉下施一层紫色化妆土。腹底部有修胎旋削痕。

168. 酱釉盏 H17 ②: 44

口径 10.9、底径 3.1、高 4.7 厘米

敞口，圆唇，微束颈，斜弧腹，小圈足。紫褐胎。酱釉，釉面有开片，呈兔毫状。内满釉，外施釉至上腹部，釉下施一层化妆土。腹底部有修胎旋削痕。

169. 酱釉盏 H22：10

口径 11.3、底径 3.6、高 5.1 厘米

敞口，尖圆唇，微束颈，深腹，下腹斜收，小
圈足。紫褐胎。酱釉，釉面开片，局部呈窑变釉，
釉面斑驳。内满釉，外施釉至中腹部，釉下施
一层白色化妆土。

170. 酱釉盏 H22：13

口径 10.5、底径 4.1、高 4.9 厘米

敞口，圆唇，微束颈，深弧腹，小圈足。紫褐胎。酱釉，釉面多细小气孔，多线状开片，积釉处呈黑色。内满釉，外施釉至中腹部，内壁局部因缩釉而露胎，釉下施一层化妆土。

171. 酱釉盏 H17 ②：28

口径 11.3、底径 3.4、高 5 厘米

敞口，尖圆唇，微束颈，深弧腹，小圈足。紫褐胎。酱釉，釉面有线状开片和细小针状气孔。内满釉，外施釉至中腹部。

172. 酱釉盏 G3：4

口径 11.4、底径 3.4、高 5.7 厘米

敞口，尖圆唇，深弧腹，小圈足。红褐胎。酱釉，釉面多线状开片和针状气孔。内满釉，外施釉至中腹部。腹底部有修胎旋削痕。

173. 酱釉盏 H25：2

口径 10.8、底径 3.7、高 5.1 厘米

敞口，圆唇，微束颈，斜弧腹，小圈足。紫褐胎。酱釉，釉面开片呈网格状，多针状气孔。内满釉，外施釉至上腹部。内沿下有一周凹弦纹。内底有四个支钉痕。

174. 酱釉盏 T3 ④：1

口径 11.8、底径 3.5、高 5.8 厘米

敞口，圆唇，微束颈，斜弧腹，小圈足。紫褐胎。酱黑釉，
有开片，口沿处釉层剥落。内满釉，外施釉至中腹部。

175. 酱釉盏 T4 ④：8

口径 10.8、底径 3.4、高 4.5 厘米

敞口，尖圆唇，微束颈，斜弧腹，小圈足。紫褐胎。酱釉，釉面多细碎开片和细小针状气孔。内满釉，外施釉至中腹部。

176. 酱釉盏 T4 ④：9

口径 10.4、底径 3.2、高 4.6 厘米

微敛口，尖唇，微束颈，深弧腹，小圈足。红褐胎。
酱釉，釉面多开片，流釉处呈窑变釉。内满釉，
外施釉至中腹部。腹底部有修胎旋削痕。

177. 酱釉盏 T4 ④：11

口径 11.2、底径 3、高 4.9 厘米

敞口，尖圆唇，微束颈，深弧腹，小圈足。
紫褐胎。酱釉，釉面有开片。内满釉，外施
釉至中腹部。腹底部有修胎旋削痕。

☵ 178. 酱釉盏 H24：1

口径 11.9、底径 3.5、高 51 厘米

微敞口，圆唇，微束颈，斜弧腹，小圈足。红褐胎。
酱釉，釉面有开片，多剥落。内满釉，外施釉至中腹部，
釉下施一层化妆土。腹底部有修胎旋削痕。

☵ 179. 酱釉盏 T7 ⑤：1

口径 10.7、底径 3.1、高 4.5 厘米

敞口，圆唇，微束颈，深弧腹，小圈足。红褐胎。
酱釉，釉面多开片，积釉处呈酱黑色，局部缩釉，
口沿处釉层多剥落。内满釉，外施釉至中腹部，釉
下施一层紫色化妆土。腹底部有修胎旋削痕。

180. 酱釉盏 T7 ⑥：2

口径 10.7、底径 3.4、高 4.7 厘米

敞口，圆唇，微束颈，深弧腹，小圈足。紫褐胎。酱釉，
釉面多开片，口沿下有流釉现象，内壁釉面呈兔毫状，
内底积釉处窑变釉呈白色。内满釉，外施釉至中腹部。

181. 酱釉盏 T7 ⑥：12

口径 11.7、底径 3.4、高 5.7 厘米

敞口，圆唇，微束颈，深弧腹，小圈足。紫色胎。酱黄釉，釉面呈网状开片，内壁流釉呈兔毫状，内底积釉处呈白色窑变釉。内满釉，外施釉至中腹部，釉下施一层化妆土。

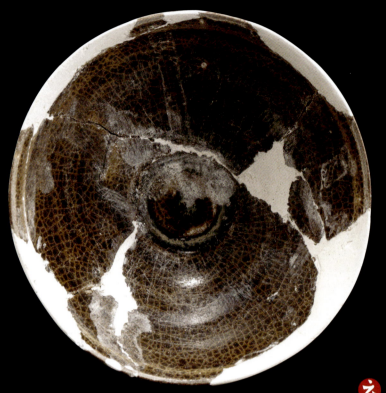

182. 酱釉盏 T7（6）：28

口径 10.5、底径 3.1、高 4.5 厘米

敞口、圆唇、微束颈、深弧腹、小圈足。紫色胎。酱釉，釉面呈网格状开片。内外壁积釉处有窑变。内满釉，外施釉至中腹部，釉下施一层护胎浆。

183. 酱釉盏 T7（7）：2

口径 11.6、底径 3.8、高 5.6 厘米

敞口、尖唇、斜弧腹、小圈足。紫褐胎。酱釉，釉面网状开片，有细小气孔。内满釉，外施釉至中腹部。

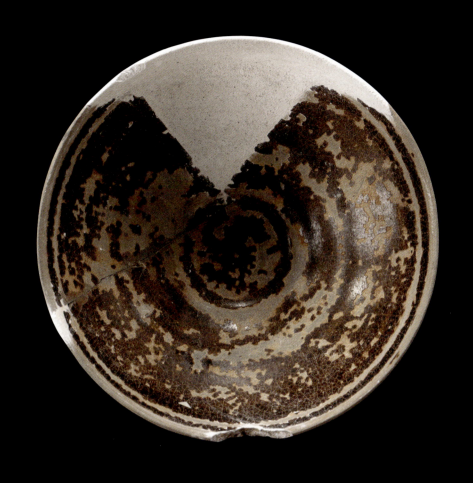

184. 酱釉盏 H28：4

口径 11.5、底径 3.2、高 5 厘米

敞口，圆唇，微束颈，深腹，小圈足。紫褐胎。酱
釉，多剥釉，有开片。内满釉，外施釉至中腹部。

 185. 酱釉盏 H31：2

口径 10.4、底径 3.2、高 4.4 厘米

口微敞，尖圆唇，微束颈，深弧腹，小圈足。紫褐胎。
酱釉，釉面网格状开片，积釉处呈酱黑色。内满釉，
外施釉至上腹部，釉下施一层化妆土。

186. 酱釉盏 H30：2

口径 10.5、底径 3.1、高 4.3 厘米

敞口，尖唇，微束颈，斜弧腹，小圈足。紫褐胎。
酱釉生烧，釉面多气孔，剥釉明显。内满釉，
外施釉至中腹部。

187. 酱釉盏 H17 ②：20

口径 12.2、底径 3.5、高 5.8 厘米

敞口，尖圆唇，微束颈，斜弧腹，小圈足。红
褐色胎。酱釉生烧泛黄。内满釉，外施釉至中
腹部，釉下施化妆土。腹底有刀削痕。

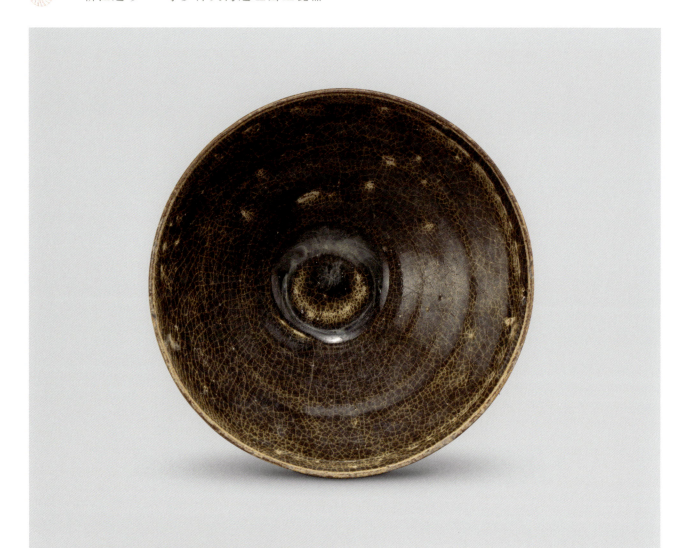

 188. 酱釉盏 H29：28

口径 11.3、底径 3.3、高 5 厘米

敛口，尖圆唇，弧腹，饼足，足底有旋突。紫褐色胎。
酱釉，釉面多网格状开片，内底积釉处呈窑变釉。
内满釉，外壁施釉至上腹部。

189. 酱釉盏 H17 ②：21

口径 11.8、底径 3.2、高 5.2 厘米

敞口，尖圆唇，微束颈，斜弧腹，小圈足。红褐胎。
酱釉生烧泛白。内满釉，外施釉至中腹部，釉下施
一层化妆土。腹底部有修胎旋削痕。

190. 酱釉盏 H17 ②：46

口径 11.8、底径 3.5、高 5.5 厘米

敞口，尖圆唇，微束颈，斜弧腹，小圈足。紫褐胎。
酱釉生烧泛灰，釉面暗淡无光。内满釉，外施釉至
中腹部，釉下施一层化妆土。腹底部有修胎旋削痕。

191. 酱釉盏 H17 ② : 47

口径 11.4、底径 3.4、高 4.8 厘米

敞口，尖圆唇，微束颈，斜弧腹，小圈足。紫褐胎。酱釉生烧泛灰，釉面多细碎开片，暗淡无光泽。内满釉，外施釉至中腹部，釉下施白色化妆土。腹底部有修胎旋削痕。

192. 酱釉盏 G3 : 1

口径 7.6、底径 3.3、高 2.5 厘米

敞口，圆唇，浅弧腹，小平底。紫褐胎。酱釉生烧多剥落。

 193. 酱釉灯盏 H9：6

口径 8、底径 3.6、高 1.9 厘米

敞口，圆唇，浅弧腹，饼足。紫褐胎。酱黄釉，
釉面开片，多剥落。内满釉，外施釉至下腹部。

194. 酱釉灯盏 H22：14

口径 8.3、底径 3.2、高 2.8 厘米

敞口，斜弧腹，小平底，口沿外有一鎏
红褐色胎，酱釉生烧，釉色暗淡，内满釉，
口沿及外无釉。

195. 酱釉灯盏 T3（5）：1

口径 6.8、底径 2.8、高 2.1 厘米

敞口、圆唇，浅弧腹，小平底。紫褐胎，酱釉生烧，釉面有网状开片。内满釉，口沿及外无釉。

196. 酱釉灯盏 T3（5）：6

口径 6.8、底径 2.7、高 2.1 厘米

敞口、圆唇，浅弧腹，小平底。紫褐胎，酱釉生烧泛灰。内满釉，口沿及外无釉。

197. 酱釉灯盏 T3 ⑤：7

口径 7.2、底径 2.9、高 2.2 厘米

敞口，圆唇，浅弧腹，小平底。灰褐色胎。酱
绿釉，釉面有网状开片，密布针孔状气孔，局
部缩釉。内满釉，口沿及外无釉。

198. 酱釉灯盏 T3 ⑤∶8

口径 7.5、底径 3.1、高 2.5 厘米

敞口，圆唇，浅弧腹，小平底内凹。紫褐胎。
酱釉，多开片和气孔，釉层多剥落。内满釉，
口沿及外无釉，釉下施白色化妆土。

199. 酱釉灯盏 T4 ④∶15

口径 7.1、底径 2.5、高 2.2 厘米

敞口，圆唇，浅弧腹，小平底。紫褐胎。
酱绿釉，釉面多网状开片和针状气孔。
内满釉，口沿及外无釉。

200. 酱釉灯盏 T5 ④∶1

口径 7.6、底径 2.7、高 2.4 厘米

敞口，圆唇，浅弧腹，平底。紫色胎。酱釉生烧泛黄。内施釉多脱落，口沿及外无釉。口沿有叠烧痕迹。

201. 酱釉灯盏 T5 ④∶5

口径 7.2、底径 2.6、高 2.5 厘米

敞口，圆唇，浅弧腹，小平底。灰褐胎。酱釉，釉面多针状气孔和网状开片，釉面斑驳。内满釉，口沿及外无釉。

202. 酱釉灯盏 T6 ④：1

口径 7、底径 2.5、高 2.3 厘米

敞口，圆唇，浅弧腹，小平底。紫褐胎。酱釉，釉面呈网状开片。内满釉，口沿及外无釉。

 203. 酱釉灯盏 T6 ④: 2

口径 5.9、底径 3.1、高 2 厘米

敞口，圆唇，浅弧腹，平底。灰黑胎。酱釉，
釉面斑驳。内底施釉，近口沿及外无釉。

204. 酱釉灯盏 H17 ①：3

口径 7.3、底径 2.8、高 2.3 厘米

敞口，圆唇，浅弧腹，小平底。红褐色胎。酱釉，釉面呈网状开片，密布针孔状气孔。内满釉，口沿及外无釉。

205. 酱釉灯盏 H17（2）：9

口径 7.6、底径 2.7、高 2 厘米

敞口，圆唇，浅弧腹，小平底。紫褐胎。酱釉，
釉面呈网状开片，密布针状气孔。内满釉，口沿
及外无釉。釉下施一层白色化妆土。

206. 酱釉灯盏 H28：5

口径 7.6、底径 3.4、高 2.4 厘米

敞口，圆唇，斜弧腹，平底。紫褐胎。酱釉，
釉面开片，釉层几乎完全剥落。内满釉，口
沿及外无釉。

207. 酱釉高足杯 H19：1

口径 10.4、底径 4.4、高 6.8 厘米

侈口，圆唇，深弧腹，喇叭状实心高足，足底平，灰褐胎，胎体坚致，酱釉，釉面斑驳，无光泽，内满釉，外施釉至足上部。

208. 酱釉盆 T4 ④：3

口径 27、底径 12、高 10 厘米

口微敛，外翻沿，尖圆唇，深弧腹，平底微内凹。紫褐胎。酱釉，釉面开片，有剥落。内满釉，外施釉至口沿下，口沿刮釉。

209. 酱釉盆 T5 ④：2

口径 24.4、底径 10.6、高 8.3 厘米

敛口，沿面外翻，尖唇，深弧腹，平底微内凹。紫褐胎。酱釉，釉面开片，有细小气孔。外施釉至下腹部。

210. 酱釉钵 H22：28

口径 34.8、底径 12.4、高 11 厘米

微敛口，尖圆唇，深弧腹，小圈足。紫褐胎。酱釉，釉面多开片，
密布细小气孔，釉层多脱落。内满釉，外施釉至下腹部。

211. 酱釉钵 H22：29

口径 37、底径 13、高 10.6 厘米

敛口，圆唇，斜弧腹，平底。紫褐胎。酱釉，釉
面有细小气孔。内满釉，外施釉至口沿下。

天 212. 酱釉擂钵 G3：9

口径 21.6、底径 11.6、高 10.2 厘米

敛口，深弧腹，平底微内凹。红褐色胎。酱釉，釉面有细小气孔，釉色暗淡。仅口沿内外施釉。内腹壁和内底有刻槽纹。

天 213. 酱釉擂钵 H17：8

口径 26.1、底径 9.2、高 10.9 厘米

敞口，圆唇，深弧腹，平底。紫褐胎。酱釉，釉层脱落。仅口沿内外施釉。内壁及底有刻槽纹。

214. 酱釉擂钵 H22：27

口径 24.4、底径 9、高 14 厘米

敞口，方唇，斜弧腹，小平底，上腹部有凸棱一周，口沿一侧有流。紫褐夹砂胎，胎质粗疏。内外施紫褐色化妆土。内壁及底有条带状刻槽纹。

 215. 酱釉罐 H22∶17

口径 11.6、底径 8.5、高 19.4 厘米

侈口，尖唇，束颈，溜肩，长鼓腹，平底微
内凹。紫褐胎。酱釉，内施釉至口沿下，外
施釉至中腹部。肩、腹部各饰弦纹两周。

 216. 酱釉罐 H22∶8

口径 10.2、底径 5.4、高 12.4 厘米

口微侈，圆唇，束颈，矮领，耸肩，深鼓腹，
饼足。紫褐胎。酱釉，釉面开片，釉层多剥落。
内施釉至口沿下，外施釉至下腹部。腹上部有
凹弦纹一周，器内轮旋痕明显。

 217. 酱釉罐 H30：1

口径 6.8、底径 3.5、高 8.2 厘米

侈口，尖唇，粗束颈，鼓腹，饼足。紫褐胎。
酱釉生烧呈粉白色。内满釉，外施釉至下腹部。

218. 衡山窑彩绘罐 T7 ⑥: 5

口径 16.4、底径 6.5、高 16.9 厘米

卷沿，圆唇，粗束领，圆鼓腹，平底内凹。紫褐胎。内口沿及外中上腹壁先施一层浅黄色底釉，釉生烧。口沿及外腹壁上部施深绿色条带，将底釉完全遮盖，外中腹壁在浅黄色底釉上用绿釉绘草叶纹。

219. 酱釉汤瓿 H22：1

口径 10.4、底径 5.8、高 7.3 厘米

侈口，圆唇，束颈，鼓腹，矮圈足。灰褐胎，胎质粗疏，胎体坚致。釉未玻化呈灰白色。内满釉，外施釉至下腹部。釉层几乎全部脱落，施釉线明显。

220. 酱釉三足炉 H17 ②：13

口径 14.8、底径 11.3、高 8.2 厘米

敛口，宽平沿，尖圆唇，深弧腹、平底，三扁锥形足。紫褐胎。
酱釉，釉面有细碎开片和细小气孔，有剥釉。内施釉至中
腹壁，外施釉至下腹壁。外腹壁有三圈乳丁纹。

 221. 酱釉异形壶 H17 ②：24

口径 9.3、底径 5、高 9.9 厘米

口微敛，圆唇，高领，鼓腹偏下，小平底。腹中部有宽沿一周，沿面微上翘。腹上部一侧有曲管状短流，流口稍高于壶口。黄褐胎。酱釉，釉面有网状开片和细小气孔。内满釉，外施釉至沿面上，其下露胎，口沿刮釉。

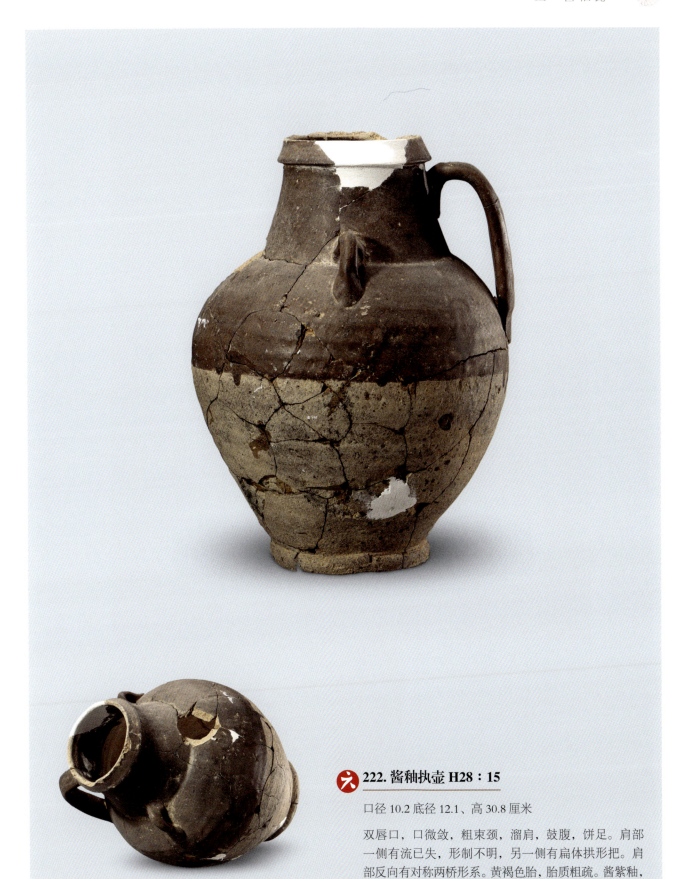

222. 酱釉执壶 H28：15

口径 10.2 底径 12.1、高 30.8 厘米

双唇口，口微敛，粗束颈，溜肩，鼓腹，饼足。肩部一侧有流已失，形制不明，另一侧有扁体拱形把。肩部反向有对称两桥形系。黄褐色胎，胎质粗疏。酱紫釉，釉面多杂斑。内露胎，外施釉至中腹部。

225. 酱釉执壶 G1：1

口径 8.6、底径 9、高 26.9 厘米

侈口，沿外斜，粗长颈，长鼓腹，平底。
肩部一侧有流，流口残，另一侧有拱形把。
肩部一周弦纹。紫褐胎。酱釉泛黄，釉面多
缩釉。内施釉至口沿下，外施釉至上腹部。
肩腹一周弦纹。器内轮痕明显。

226. 酱釉执壶 H29：30

口径 6.5、最大腹径 10.4、底径 6、高 15.9 厘米

口微侈，翻沿，厚唇，粗长颈，溜肩，鼓腹，饼足，足底内凹。肩部一侧有曲管状长流，流口稍低于壶口，另一侧有扁条形把手。红褐色胎。酱釉，施釉不均，釉面多脱落，有流釉现象。内施釉至上颈部，外施釉至中腹部。肩部有两道凹弦纹，内壁轮旋痕明显。

四

青花瓷

227. 青花碗 H9：3

口径 14、底径 6.6、高 7.2 厘米

口微侈，圆唇，深腹微弧，圈足。白胎。
外底局部露胎。内外壁上下均饰两周弦纹，
内口沿饰青花点彩，内底饰团菊纹，外壁
饰缠枝菊纹。外底有叠烧粘连窑砂。

228. 青花碗 H9：4

口径 14.4、底径 6.3、高 7.1 厘米

口微侈，尖圆唇，深腹微弧，圈足，足沿斜削。黄褐胎。釉面局部有缩釉。青花发色暗淡。内外壁上下均饰两周弦纹，内口沿饰青花点彩，内底饰团菊纹，外壁饰缠枝菊纹。

229. 青花碗 H9：7

口径 10.8、底径 5.4、高 6.1 厘米

微敞口，方唇，深弧腹，圈足。黄褐胎。青花线条细，内外满釉，足沿刮釉。口沿内外施青花双线纹，内底有草叶纹，外腹壁为缠枝花卉纹图案，外底有青花双线纹。

 230. 青花碗 H9：8

口径 13、底径 6、高 6.8 厘米

侈口，尖圆唇，深弧腹，圈足。黄褐胎。口沿内
外有青花双线纹，内底施青花团花纹，外腹壁施
青花团花纹等图案。外底有青花双线纹。内外满
釉，外足沿刮釉。足沿有叠烧粘砂。

231. 青花碗 H9：9

口径 10、底径 4.4、高 4.8 厘米

敞口，尖唇，深弧腹，圈足。白胎。青花发色明艳。
内口沿和内底依次施青花单线和双线，内底绘一梵文，
外腹壁饰三层青花梵文，外底有青花单线纹。

 232. 青花碗 H9：10

口径 15、底径 5.9、高 7 厘米

敞口，尖唇，深弧腹，圈足。白胎。生烧，青花发
色暗淡。口部内外皆饰两周弦纹，内底两周弦纹内
有一"福"字，外壁饰四周梵文，足墙饰两周弦纹。

233. 青花碗 H26：1

口径 13.4、底径 5.2、高 5.5 厘米

敞口，尖圆唇，斜弧腹，圈足。黄褐胎。器表口沿下
饰青花边一周及两周青花纹，内口沿下为青花纹饰两
周，底为青花花草图案。内外满釉，足沿斜削。

234. 青花碗 T7 ③：1

口径 14.7、底径 6、高 6.7 厘米

侈口，尖唇，深弧腹，圈足。黄褐胎。内满釉，外施
釉至外足沿中部，足内露胎。器表饰圆圈纹，内沿有
青花一周，底青花双线纹，底中央为草叶纹。

235. 青花杯 T1 ③: 2

口径 6.7、底径 2.6、高 3.5 厘米

敞口，圆唇，深弧腹，卧足。黄褐胎。白釉。内施釉，内底涩圈，外施釉至下腹部，底露胎。外口沿下有一圈青花图案，腹下部有一青花线圈。

五
陶
器

236. 陶权 T7⑥：36

残高 9.7 厘米

泥质灰陶。器身呈圆形，上小底大，底面均平。上立有扁系组，中间穿孔。

237. 陶权 H24：3

残高 6.2 厘米

泥质灰陶。器身圆形，上小下大，底平。
上有立纽，底面刻"谢立"两字。

238. 陶权 H17 ②：61

底径 15、通高 11.2 厘米

泥质灰陶。器身圆形，上小底大，底平。上立
有系纽，无穿，但有手握便于提携。

239. 陶权 T4 ④：16

底径 13、通高 9.8 厘米

泥质灰陶。器身圆形，上小底大，底平。上
立有系纽，无穿，但有手握便于提携。

240. 陶权 H22：32

底径 13、通高 9.8 厘米

泥质灰陶。实心。器身呈圆形，上小底大，底面均平。上立有扁系纽，中间穿孔。

泥质灰陶，火候高。平沿，直腹壁，平底出沿，中有碾槽，腹壁两面均有交叉图案一处，碾槽最深处4厘米。

241. 碾槽 H17（2）：62

残长 11、高 5.5、宽 6.6 厘米

泥质灰陶，火候高。平沿，直腹壁，平底出沿，中有碾槽，腹壁两面均有交叉图案一处，碾槽最深处4厘米。

242. 陶擂钵 H17②：23

口径 30.6、底径 11.6、高 15.1 厘米

泥质红褐陶，素面。器体大。敛口，圆唇，深弧
腹，平底稍内凹。内底为环形齿痕，腹壁为条形
齿痕，唯沿下抹光一圈无齿痕。

243. 垫钵 H17 ①：2

口径 17、底径 9.6、高 8.4 厘米

口微敛，方唇，弧腹，平底微内凹。粗砂胎。
胎体厚实。无釉。与环形支圈组成覆烧窑具。

244. 垫钵 T7 ⑧：1

口径 16.8、底径 9.9、高 6.1 厘米

敛口，方唇，弧腹，平底微内凹。粗砂胎。胎体厚实。
无釉。与环形支圈组成覆烧窑具。

六 其他

245. 筒瓦 T7⑧：2

残长 26.6、宽 13、厚 2 厘米

泥质灰陶。瓦舌残，瓦身凸面素面，瓦身凹面有布纹。瓦身侧面有线切割痕。

246. 板瓦 H22：31

长 22.9、宽 18.3、厚 0.7 厘米

泥质灰陶。体大，截面半圆形，一
端宽，一端窄。

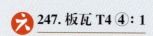 **247. 板瓦 T4 ④：1**

长 19.5、宽 17.4、厚 1 厘米

泥质灰陶。截面半圆形，一端宽，一端窄。

 248. 花纹方砖 H17 ③：9

边长 29、厚 4.8 厘米

泥质灰陶。正方形。正面纹饰由三道凸棱组成的四
瓣花纹，瓣尖与四角相对，花瓣内饰卷草纹，花瓣
间填孔饰图案。背面饰斜方格纹。

250. 砖 H17 ②：77

长 15.7、宽 7.9、厚 3.2 厘米

泥质青灰陶，胎质略软。长方形。

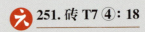**251. 砖 T7 ④：18**

长 14.9、宽 7.2、厚 3 厘米

泥质青灰陶，胎质坚硬。长方形。

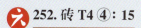 **252. 砖 T4 ④：15**

长 15.2、宽 7.6、厚 2.8 厘米

泥质青灰陶，胎质略软。长方形。

253. 砖 T9③：1

残长 20、宽 10.8、高 5 厘米

泥质灰陶。长方形，一侧有伞形
盖饰。可能为屋脊构件。

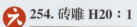

254. 砖雕 H20：1

残长 9.5、宽 11.5、厚 4.4 厘米

泥质灰陶。长方形，已残。一面有浮雕折枝花卉纹。

255. 脊兽 H17 ②：71

残长 17.2 厘米

泥质黄陶，有灰色陶衣，绝大部分脱落。目瞪口张，
獠牙前伸，肥耳，短鼻。为屋脊或墙端装饰构件。

256. 砚台 T7④: 5

长9、宽6.4、厚2.4厘米

石质。长方形，做工粗糙。正面有砚池，砚面
有窝，使用痕明显，底面平。

 257. 石压 H30：6

长 7.1、宽 3.2、厚 1.8 厘米

石质。扁长条形，残断，正面刻写"此是紫石"四字。

 258. 黑曜石人物像 T11 ⑤：1

长 3.5、宽 2.4、高 2 厘米

黑曜石。已残。婴童挂件，卧姿，仰首，曲腿，
体中部有穿可系绳。

编后记

　　宁乡冲天湾遗址是湖南省文物考古研究院基本建设考古中的一次重大发现，曾入选 2016 中国重要考古发现。冲天湾遗址出土了 2000 多件陶瓷器，以湖南窑口为主，另外还包含龙泉窑、景德镇窑等外省窑口，经修复较为完整的有 300 多件。发掘结束后，我们及时整理并发表了两篇发掘简报，相对完整的公布了发掘的主要收获，也初步推测了遗址形成和废弃的原因。只是这样的推测还很粗线条，仍然有很多问题萦绕于心。

　　首先，最吸引人的是位于遗址中的那处宋元窖藏。通过以往的梳理，我们发现在湖南有澧县、桃江、攸县、衡阳等几处宋元窖藏，且都出土了十分精美的龙泉窑等著名窑口的瓷器，关于窖藏形成的原因大多推断为战乱或社会动荡。冲天湾遗址中的这处窖藏龙泉窑青瓷盘分成三堆平放，湖南青白釉芒口碗、涩圈碗等被整整齐齐地倒扣码放在一起，同时出土的还有碟、盏、砚滴、执壶、铁铲、铜钱、板瓦、青砖等。窖藏中的这些瓷器都保存的很完整，精美的龙泉窑青瓷盘不仅是当时的名牌产品，在龙泉窑众多窑场中也属于精品瓷器，显然是窖藏主人十分珍视的生活物品。而遗址中发现的一组 9 件青白釉芒口碗均带有墨书"六"，很可能是主人所作的标识。当时我们结合地层和掩埋情况判断，这处窖藏坑不像湖南其他几处宋元时期窖藏坑形成于战乱或社会动荡，很有可能是祭祀遗存。这些珍贵而完好的器物是否会是在遗址兴建的时候举行类似于奠基坑一样的祭祀活动而得以保留下来的呢？

　　其次，遗址当时使用时候的主要功能是什么？在遗址中出土了很多砖、瓦等建筑构件，特别是脊兽、花纹方砖、砖雕的发现，说明这里应是一处具有一定等级的建筑遗址，不排除是官方驿站的可能。同出的还有一些陶权，这些陶权应该是用于称量物品的，虽然大多残破，可辨器形也多达 30 多件。考虑到遗址同出的大量不同窑口的瓷器，很容易让我们联想到唐宋时期的草市遗址或陶瓷产品集散地。发掘的时候还发现了 7 件垫钵（3 件可修复），是烧制瓷器时与环形支圈搭配的组合窑具，既然这处遗址并非一处窑场，为什么会有窑具，联系到一组"六"字青白釉芒口碗，我们推测是在遗址生活的人群到湖南本地窑场采购日用品时带过来的，只是用于装烧的垫钵在遗址中会发挥什么新的功能我们就不得而知了。

　　受期刊版面的限制，简报公布的材料比较有限，除了在简报中初步研究了遗址年代与性质等之外，还可以延伸出很多问题，尤其是遗址出土的遗物主体为瓷器，需要从胎釉、装烧工艺等不同角度进行研究才能反映其产地及来源途径，高清的、多角度的器物照片就很有必要。冲天湾遗址是一处与湘江流域陶瓷产业相关的重要遗址，我们一直希望以更为丰富的形式展现遗址的面貌，正好我们申请了"长株潭岳古陶瓷资源考古调查"的课题，有了课题经费的支持，出版图录便成为可能，这便是编这本书的缘起。

在编写体例上，考虑到出土遗物以瓷器为主，先采用釉色为分类原则，再在每一釉色下按器形和时代先后编排，而砖、瓦、石等特殊的遗物均归入其他。器物命名主要依照釉色＋装烧工艺＋纹饰工艺＋形制，对于斗笠碗等器名则按照约定俗成的方法来命名。

本次发掘项目负责人何赞，参与发掘和整理的人员有湖南省文物考古研究院向开旺、向树青、胥卫华、何再光、钦万全、杜杰，宁乡县文物局胡明武、胡泽州，麻阳县文物局滕昭燕，武汉大学历史学院硕士研究生刘成等。

本书是集体工作的成果。前言及器物描述由何赞、杨宁波、邱玥共同撰写。为保证器物照片的质量，文物出版社编辑秦彧、刘雅馨、摄影师张冰专程到湖南省文物考古研究院铜官窑基地进行了器物拍摄，湖南省文物考古研究院杨盯协助了器物的拍摄工作，同事张婷婷、屈凤及时调取了需要拍摄的部分精品文物。湖南省文物考古研究院姜猛院长、高成林副院长对本书的出版给予了大力的支持和帮助。在此一并致谢！

何　赞

2023 年 5 月

湖南陶瓷考古书系

湖南陶瓷考古书系之一：《焰红石渚——长沙铜官窑遗址 2016 年出土瓷器》

（文物出版社，2018 年 6 月）

湖南陶瓷考古书系之二：《洞天瓷韵——醴陵窑钟鼓塘元代窑址出土瓷器精粹》

（文物出版社，2019 年 8 月）

湖南陶瓷考古书系之三：《枫林瓷印——醴陵窑唐家坳窑址出土瓷器精粹》

（文物出版社，2022 年 12 月）

湖南陶瓷考古书系之四：《吉光片羽——湖南考古出土陶瓷学术研讨会论文集》

（文物出版社，2023 年 8 月）

湖南陶瓷考古书系之五：《靳江遗珍——宁乡冲天湾遗址出土瓷器》

（文物出版社，2023 年 8 月）

湖南陶瓷考古书系之六：《湘阴马王墈窑址》

（待出版）

湖南陶瓷考古书系之七：《醴陵钟鼓塘元代窑址》

（待出版）